Christie · Schneewittchen-Party

Agatha Christie

Schneewittchen-Party

Loewe

Die Deutsche Bibliothek – CIP-Einheitsaufnahme

Christie, Agatha:
Schneewittchen-Party / Agatha Christie.
Übers. aus dem Engl. von Hiltgunt Grabler.
1. Aufl. – Bindlach: Loewe, 1993
ISBN 3-7855-2615-6

ISBN 3-7855-2615-6 – 1. Auflage 1993
Umschlagzeichnung: Charlotte Panowsky
Umschlagkonzeption: Creativ GmbH Kolb, Leutenbach

1

Die Kindergesellschaft bei den Drakes sollte am Abend sein. Ariadne Oliver begleitete ihre Freundin Judith Butler, bei der sie einige Tage zu Besuch war, um bei den Vorbereitungen zu helfen.

Im Augenblick herrschte ein heilloses Durcheinander. Frauen liefen energisch hin und her, trugen Stühle, kleine Tische und Blumenvasen von einem Zimmer ins andere und verteilten große Mengen von Kürbissen über das ganze Haus.

Es war der Tag vor Allerheiligen, der in England mit Maskeraden und lustigen Umzügen begangen wird, und die geladenen Gäste dieses Abends waren zwischen zehn und siebzehn Jahren alt.

Mrs. Oliver hielt sich geschickt vom Zentrum der fieberhaften Aktivität fern. An die Wand gelehnt, hielt sie einen großen gelben Kürbis in die Höhe, betrachtete ihn kritisch und sagte: „Zum letztenmal habe ich welche in Amerika gesehen, letztes Jahr, und da gleich Hunderte. Das ganze Haus war voll."

„Oh – entschuldige", sagte Mrs. Butler, die über Mrs. Olivers Füße gestolpert war.

Mrs. Oliver drückte sich enger an die Wand.

„Meine Schuld", sagte sie. „Ich stehe hier rum und bin im Weg. Aber die vielen Kürbisse waren wirklich eindrucksvoll. Man sah sie überall, in den Geschäften, in den Häusern, ausgehöhlt und von innen mit Kerzen beleuchtet. Aber das war nicht am Tag vor Allerheiligen, sondern beim Erntedankfest, und das ist später, erst in der dritten Novemberwoche."

Die meisten der umhereilenden Frauen fielen früher oder

später über Mrs. Olivers Füße, hörten ihr aber nicht zu. Sie waren alle viel zu beschäftigt.

Es waren in der Hauptsache Mütter und eine oder zwei tüchtige alte Jungfern. Ein paar größere Jungen kletterten auf Leitern und Stühle und dekorierten Wände und Schränke mit Kürbissen und Lampions. Mädchen zwischen elf und fünfzehn standen in Gruppen herum und kicherten.

Mrs. Oliver plauderte weiter und ließ sich auf einen Sofaarm nieder, um sich gleich wieder zerknirscht zu erheben.

„Ich bin wirklich keine große Hilfe. Ich sitze hier herum und rede dummes Zeug über Kürbisse" – und schone meine Füße, dachte sie mit leichten Gewissensbissen, aber ohne allzu große Schuldgefühle.

„So, was kann ich jetzt tun?" fragte sie, und dann: „Was für prächtige Äpfel!"

Jemand hatte gerade eine große Schüssel mit Äpfeln ins Zimmer gebracht. Mrs. Oliver hatte eine Schwäche für Äpfel.

„Sie sind nicht besonders gut", sage Rowena Drake, die Gastgeberin, eine gut aussehende Frau mittleren Alters. „Aber sie sehen hübsch und festlich aus. Sie sind fürs Apfelschnappen und ziemlich weich, damit die Kinder beim Schnappen leichter reinbeißen können. Trag sie doch bitte in die Bibliothek, Beatrice. Beim Apfelschnappen gibt's immer eine große Überschwemmung, aber bei dem Teppich in der Bibliothek kommt es nicht drauf an. Oh, danke, Joyce."

Joyce, eine kräftige Dreizehnjährige, hatte die Schüssel ergriffen. Zwei Äpfel fielen herunter und blieben, wie von einem Zauberstab berührt, genau vor Mrs. Olivers Füßen liegen.

„Sie mögen Äpfel, nicht wahr?" sagte Joyce. „Ich hab' davon gelesen, oder vielleicht hab' ich's auch im Fernsehen gehört. Sie sind doch die Frau, die Kriminalromane schreibt, nicht?"

„Ja", sagte Mrs. Oliver.

„Eigentlich müßten Sie was organisieren heute abend, irgendwas mit Mord. Zum Beispiel einer wird ermordet, und alle müssen den Täter finden."

„Nein, danke", sagte Mrs. Oliver. „Nie wieder."

„Was heißt das, nie wieder?"

„Na ja, ich habe so was mal gemacht, und es war kein großer Erfolg", sagte Mrs. Oliver.

„Aber Sie haben doch massenhaft Bücher geschrieben", sagte Joyce. „Sie kriegen eine Masse Geld dafür."

„Gewiß", sagte Mrs. Oliver und dachte an die Einkommensteuer.

„Und Ihr Detektiv ist ein Finne."

Diese Tatsache leugnete Mrs. Oliver nicht. Ein kleiner, phlegmatisch wirkender Junge, der nach Mrs. Olivers Dafürhalten noch nicht zehn Jahre alt war, sagte streng: „Warum ein Finne?"

„Das habe ich mich oft schon selbst gefragt."

Mrs. Hargreaves, die Frau des Organisten, kam keuchend mit einem großen grünen Plastikeimer ins Zimmer.

„Wie wäre es damit fürs Apfelschnappen?" fragte sie. „Ich dachte, das sieht ganz lustig aus."

Miss Lee, die Arzthelferin, sagte: „Ein Metalleimer ist besser. Der kippt nicht so leicht um. Wo soll es denn stattfinden, Mrs. Drake?"

„Am besten in der Bibliothek. Der Teppich dort ist alt. Es läuft immer ziemlich viel Wasser über."

„Gut, bringen wir die Äpfel in die Bibliothek. Und hier ist noch ein Korb voll, Rowena."

„Lassen Sie mich den tragen", sagte Mrs. Oliver.

Sie hob die beiden heruntergerollten Äpfel auf. Geistesabwesend biß sie in den einen kräftig hinein. Mrs. Drake nahm ihr den zweiten energisch weg und legte ihn in die Schüssel zurück. Dann redete alles wieder durcheinander.

„Schön, aber wo soll der Feuerdrachen sein?“

„Den Feuerdrachen müßte man in der Bibliothek machen, da ist es am dunkelsten.“

„Nein, den machen wir im Eßzimmer.“

„Dann muß man aber was über den Tisch tun.“

„Erst wird ein grünes Filztuch drauf gelegt, und drüber kommt die Plastikdecke.“

„Was ist mit den Spiegeln? Können wir da wirklich unsere zukünftigen Ehemänner drin sehen?“

Mrs. Oliver befreite sich unauffällig von ihren Schuhen und sank, immer noch emsig kauend, wieder auf das Sofa. Sie betrachtete die vielen Menschen im Zimmer mit kritischem Blick und dachte bei sich: Wenn ich über die Leute hier ein Buch schreiben würde, wie würde ich das machen? Es scheinen nette Leute zu sein – aber wer weiß!

Eigentlich war es gerade spannend, daß sie *nichts* über sie wußte. Sie wohnten alle in Woodleigh Common, und von manchen konnte sie sich schon ein undeutliches Bild machen, weil Judith ihr dies und das erzählt hatte. Miss Johnson hatte was mit der Kirche zu tun, nicht die Schwester vom Pfarrer. O natürlich, die Schwester vom Organisten. Rowena Drake, die offensichtlich die erste Geige in Woodleigh Common spielte. Dann die schnaufende Frau, die den Eimer gebracht hatte, einen besonders abscheulichen Plastikeimer. Aber Mrs. Oliver konnte Plastik nun einmal nicht leiden. Und dann die Kinder, Teenager.

Bis jetzt waren es nur Namen für Mrs. Oliver. Es gab eine Nan und eine Beatrice und eine Cathie, eine Diana und eine Joyce, die eine Angeberin war und impertinente Fragen stellte. Joyce mag ich nicht besonders, dachte Mrs. Oliver. Ein Mädchen hieß Ann, sie war groß und wirkte überlegen. Zwei Jünglinge waren auch da, die offensichtlich das Neueste an Frisuren ausprobierten. Das Ergebnis war nicht sehr glücklich.

Ein kleinerer Junge betrat schüchtern das Zimmer.

„Mami schickt die Spiegel und läßt fragen, ob sie genügen“, sagte er ein wenig atemlos.

Mrs. Drake nahm sie ihm ab.

„Vielen Dank, Eddy“, sagte sie.

„Das sind ja nur ganz gewöhnliche Handspiegel“, sagte das Mädchen, das Ann hieß. „Können wir da wirklich unsere Ehemänner drin sehen?“

„Vielleicht. Vielleicht aber auch nicht“, sagte Judith Butler.

„Haben Sie das Gesicht Ihres Mannes gesehen, wenn Sie zu einer Party gingen – ich meine, zu so einer Party wie heute?“

„Natürlich nicht“, sagte Joyce.

„Vielleicht doch“, sagte die überlegene Beatrice. „Das nennt man übersinnliche Wahrnehmung“, fügte sie selbstzufrieden hinzu. Sie kannte sich aus in den modernen Fachausdrücken!

„Ich hab' mal einen Roman von Ihnen gelesen“, sagte Ann zu Mrs. Oliver. „‚Der sterbende Goldfisch‘. Ich fand ihn gut“, fügte sie mit liebenswürdiger Herablassung hinzu.

„Ich nicht“, sagte Joyce. „Es kam nicht genug Blut vor. Bei einem Mord muß massenhaft Blut dabeisein.“

„Nicht sehr appetitlich“, sagte Mrs. Oliver, „findest du nicht auch?“

„Aber aufregend“, sagte Joyce.

„Nicht immer“, erwiderte Mrs. Oliver.

„Ich hab' mal einen Mord *gesehen*“, sagte Joyce.

„Sei nicht albern, Joyce“, sagte Miss Whittaker, die Lehrerin.

„Aber es stimmt“, beharrte Joyce.

„Wirklich?“ fragte Cathie und sah Joyce mit aufgerissenen Augen an. „Hast du wirklich und wahrhaftig einen Mord gesehen?"

„Natürlich nicht", sagte Mrs. Drake. „Red nicht so albernes Zeug, Joyce."

„Ich hab' aber einen Mord gesehen", sagte Joyce. „Jawohl. Jawohl. Jawohl."

Einer der größeren Jungen blickte interessiert von seiner Leiter auf Joyce hinunter.

„Was für einen Mord?" fragte er.

„Ich glaub' das nicht", sagte Beatrice.

„Natürlich nicht", sagte Cathies Mutter. „Das hat sie sich ausgedacht."

„Das hab' ich mir *nicht* ausgedacht, ich hab' es *gesehen*", beharrte Joyce.

„Warum bist du nicht zur Polizei gegangen?" fragte Cathie.

„Weil ich zuerst nicht *wußte*, daß es ein Mord war. Erst viel später hab' ich es gemerkt. Jemand hat was gesagt, erst vor ein paar Monaten, und da hab' ich plötzlich gedacht: Natürlich, das war ein *Mord*, den ich da gesehen habe."

„Da sieht man's ja", sagte Ann, „sie spinnt sich das alles zusammen. Purer Unsinn."

„Wann soll das denn passiert sein?" fragte Beatrice.

„Vor Jahren", sagte Joyce. „Ich war damals noch ziemlich klein", fügte sie hinzu.

„Wer hat denn wen ermordet?" fragte Beatrice.

„Das sag' ich nicht", sagte Joyce. „Ihr seid alle widerlich."

Miss Lee kam mit einem zweiten Eimer, und die Unterhaltung wandte sich dem Thema zu, ob Metall- oder Plastikeimer besser für das Apfelschnappen geeignet seien. Die Mehrzahl der Helfer begab sich in die Bibliothek, um die Sache an Ort und Stelle zu prüfen. Haare wurden naß, Wasser wurde vergossen, man rief nach Tüchern zum Aufwischen. Schließlich entschied man, daß ein Metalleimer besser sei.

Mrs. Oliver brachte eine weitere Schüssel mit Äpfeln, woraus der Vorrat für den Abend wieder aufgefüllt werden sollte, und nahm sich wieder einen.

„Ich habe in der Zeitung gelesen, daß Sie so gerne Äpfel essen", sagte eine anklagende Stimme. Mrs. Oliver war sich nicht sicher, ob es Anns oder Susans war.

„Das ist bei mir schon eine Gewohnheitssünde", sagte Mrs. Oliver.

„Melonen würden viel mehr Spaß machen", wandte ein kleiner Junge ein. „Die sind so schön saftig. Denk mal, was das für eine Schweinerei gäbe", sagte er und betrachtete genießerisch den Teppich.

Mrs. Oliver, die sich der öffentlichen Zurschaustellung ihrer Gier ein wenig schämte, machte sich auf die Suche nach einem bestimmten Ort, dessen Lage im allgemeinen leicht zu ermitteln ist. Sie ging die Treppe hinauf. Als sie auf dem ersten Absatz um die Ecke bog, stieß sie fast mit einem Pärchen zusammen, das innig umschlungen an der Tür gerade des Raumes lehnte, den Mrs. Oliver suchte. Das Paar nahm keinerlei Notiz von ihr. Sie seufzten und knutschten. Mrs. Oliver überlegte, wie alt sie waren. Der Junge vielleicht fünfzehn, das Mädchen zwölf, obgleich gewisse Rundungen wesentlich reiferer Natur schienen.

„Verzeihung", sagte Mrs. Oliver laut und deutlich.

Das Paar hielt sich noch enger umschlungen und küßte sich hingebungsvoll.

„Verzeihung", wiederholte Mrs. Oliver. „Würdet ihr mich *bitte* vorbeilassen? Ich möchte gern hier hinein."

Das Paar trennte sich nur unwillig. Beide sahen Mrs. Oliver böse an. Sie ging hinein, knallte die Tür zu und schob den Riegel vor. Die Tür schloß nicht besonders gut, und sie konnte undeutliche Worte verstehen.

„Ist das nicht mal wieder typisch?“ sagte eine etwas wackelige Tenorstimme. „Man konnte doch wohl *sehen*, daß wir nicht gestört werden wollten.“

„Die Leute sind so egoistisch“, piepste eine Mädchenstimme. „Sie denken immer nur an sich.“

„Rücksichtslos“, sagte der Junge.

2

Ein Kinderfest macht meist sehr viel mehr Arbeit als eine Gesellschaft für Erwachsene. Gutes Essen, diverse Alkoholika, ein paar Flaschen Saft in Reserve – das genügt meist. Es mag mehr kosten, macht aber unendlich weniger Mühe. Darüber waren sich Ariadne Oliver und ihre Freundin Judith Butler einig.

„Und Teenagerpartys?“ fragte Judith.

„Damit habe ich wenig Erfahrung“, sagte Mrs. Oliver.

„Im Grunde hat man damit am wenigsten Arbeit“, sagte Judith. „Sie schmeißen uns Erwachsene raus und sagen, sie machen alles allein.“

„Und tun sie das dann auch?“

„Na ja, nicht so, wie wir uns das vorstellen“, sagte Judith. „Die Sachen, die unbedingt nötig sind, vergessen sie, dafür kaufen sie lauter Zeug, das kein Mensch mag. Erst schmeißen sie uns raus, und dann beschweren sie sich, daß wir sie nicht besser versorgt haben. Sie machen einen Haufen Gläser und Geschirr kaputt, und dann ist immer irgendein ungebetener Gast dabei, oder jemand bringt einen unerfreulichen Freund mit.“

„Klingt ja deprimierend“, sagte Mrs. Oliver.

„Na, die Gesellschaft heute abend wird jedenfalls ein Erfolg. Dafür sorgt Rowena Drake schon. Sie ist ein ganz großer Organisator, Sie werden sehen.“

„Ich glaube, ich habe gar keine Lust, zu einer Party zu gehen“, seufzte Mrs. Oliver.

„Legen Sie sich doch eine Stunde hin. Es wird Ihnen bestimmt Spaß machen, wenn Sie erst mal dort sind. Zu dumm, daß Miranda Fieber hat – das arme Kind ist so schrecklich enttäuscht, daß sie nicht hingehen kann“, meinte Judith.

Die Kindergesellschaft fing um halb acht an, und Ariadne Oliver mußte zugeben, daß ihre Freundin recht hatte. Alle fanden sich pünktlich ein, und das Fest verlief reibungslos und genau wie geplant. Die Treppen waren rot und blau beleuchtet und mit einer Unzahl gelber Kürbisse dekoriert. Die Mädchen und Jungen brachten geschmückte Besenstiele für einen Wettbewerb mit. Nach der Begrüßung gab Rowena Drake das Programm für den Abend bekannt.

„Zuerst werden die Besenstiele begutachtet“, sagte sie. „Es gibt drei Preise. Dann gehen wir zum Mehlschneiden in den kleinen Wintergarten. Dann kommt Apfelschnappen – dort drüben hängt eine Partnerliste an der Wand –, und dann wird getanzt. Jedesmal, wenn das Licht ausgeht, müssen die Partner ausgetauscht werden. Dann gehen die Mädchen in die kleine Bibliothek zum Spiegelgucken. Danach gibt's Abendbrot, die Preisverteilung und zum Schluß den Feuerdrachen.“

Wie die meisten Partys kam auch diese zuerst nur schwer in Gang. Die Besen, meist kleine Puppenbesen, wurden bewundert, obgleich keine der Dekorationen mehr als bescheidenes Mittelmaß erreichte – „was die ganze Sache sehr vereinfacht“, sagte Mrs. Drake leise zu einer Freundin. „Das Ganze ist überhaupt sehr nützlich, denn es gibt immer ein oder zwei Kinder, von denen man genau weiß, daß sie bei keinem der anderen Spiele einen Preis gewinnen, und hier kann man dann ein bißchen schummeln.“

„Wie skrupellos, Rowena!“

„Ganz und gar nicht. Der springende Punkt ist doch, daß jedes Kind irgend etwas gewinnen möchte.“

„Was ist denn ‚Mehlschneiden‘?“ fragte Mrs. Oliver.

„Man füllt ein Wasserglas mit Mehl, preßt es fest hinein, stürzt es auf ein Brett und legt ein Geldstück obendrauf. Dann muß jeder ganz vorsichtig eine Scheibe davon abschneiden, ohne daß die Münze hinunterfällt. Der, bei dem sie fällt, muß ausscheiden. Wer übrigbleibt, bekommt natürlich das Geldstück. So, und jetzt los.“

Und es ging los. Aufgeregtes Quietschen schallte aus der Bibliothek, in der Apfelschnappen gespielt wurde, und die Wettkämpfer kehrten mit nassen Haaren und in generell angefeuchtetem Zustand zurück.

Das größte Ereignis – jedenfalls für die Mädchen – war die Ankunft der Hexe, die von Mrs. Goodbody, einer Putzfrau aus dem Ort, gespielt wurde. Mrs. Goodbody hatte nicht nur die unerläßliche Hakennase und das der Nasenspitze entgegenstrebende Kinn, sondern konnte auch mit unheimlicher Singsangstimme sprechen und magische Knittelverse erfinden, etwa dieser Art:

„Abrakadabra, was sehen wir heut? Den Mann im Spiegel, der Beatrice freit. Blick in den Spiegel, Beatrice fein, der, den du dort siehst, wird dein Mann einst sein.“

Von einer hinter einem Wandschirm verborgenen Leiter aus wurde ein starker Lichtstrahl auf genau den Fleck an der Wand geworfen, der in dem Spiegel zu sehen war, den Beatrice aufgeregt festhielt.

„Oh!“ rief Beatrice. „Ich hab’ ihn gesehen. Ich hab’ ihn gesehen! Ich kann ihn im Spiegel sehen!“

Der Lichtstrahl verlosch, das Licht ging wieder an, und ein farbiges Foto flatterte von der Decke herab. Beatrice hüpfte aufgeregt herum.

„Das war er! Das war er! Ich hab’ ihn gesehen“, rief sie. „Oh, er hat einen *tollen* roten Bart.“

Sie rannte zu Mrs. Oliver, die am nächsten stand.

„Sehen Sie doch, sehen Sie doch bitte. Finden Sie ihn nicht toll? Er sieht wie Eddie Presweight aus, wie der Popstar. Finden Sie nicht?"

Mrs. Oliver gab zu, daß er Ähnlichkeit mit einem der Gesichter hatte, die sie zu ihrem Leidwesen jeden Morgen in ihrer Zeitung vorfand. Der Bart, fand sie, war eine geniale Erfindung.

„Woher kommen denn all diese Fotografien?" fragte sie Judith. „Nicky hat sie für Rowena gemacht. Sein Freund Desmond half ihm dabei. Er beschäftigt sich viel mit Fotografieren und experimentiert herum. Er und zwei Freunde haben sich zurechtgemacht, mit Perücken und angeklebten Koteletten und Bärten. Das Ganze mit Gegenlicht fotografiert, und die Mädchen überschlagen sich vor Entzücken."

„Ich kann mir nicht helfen", sagte Ariadne Oliver, „aber heutzutage scheinen die Mädchen wirklich albern zu sein."

„Meinen Sie nicht, daß das immer so war?" fragte Rowena Drake.

Mrs. Oliver nickte. „Sie haben wohl recht."

„So, Kinder", rief Mrs. Drake, „Abendbrot!"

Das Essen war ein großer Erfolg. Es gab Cremetorten, scharf gewürzte Häppchen, Krabben, Käse und Konfekt. Alles stopfte sich begeistert voll.

„Und jetzt", sagte Rowena, „der Abschluß des Abends. Feuerdrachen. Geht alle mal da rüber, durch die Küche. So, und nun mal erst die Preisverteilung."

Die Preise wurden verteilt, und dann erklang ein lautes Heulen. Die Kinder stürmten durch die Halle zurück ins Eßzimmer. Das Essen war fortgeräumt. Der Tisch war mit einem grünen Filztuch bedeckt, und dann wurde eine Riesenschüssel mit in brennendem Weinbrand schwimmenden Rosinen hereingetragen. Alles drängte sich kreischend heran und griff nach den brennenden Rosinen. „Au! Ich hab' mich verbrannt! Oh, wie herrlich!“ Allmählich begann der Feuerdrachen zu flackern, und schließlich erstarb die Flamme. Die Lichter gingen wieder an. Das Fest war zu Ende.

„Es war ein großer Erfolg“, sagte Rowena.

„Das sollte es aber auch sein nach all der Mühe, die Sie sich gemacht haben.“

„Es war sehr schön“, sagte Judith leise. „Und jetzt“, fügte sie seufzend hinzu, „müssen wir wohl ein bißchen aufräumen. Wir können nicht alles den armen Putzfrauen überlassen.“

3

In einer Wohnung in London klingelte das Telefon. Der Besitzer der Wohnung, Hercule Poirot, hob lauschend den Kopf. Ein Gefühl der Enttäuschung überkam ihn. Er wußte, was dieser Anruf bedeutete. Sein Freund Solly, mit dem er den Abend verbringen und die nie endende Diskussion über den wahren Täter der Stadtbadmorde fortsetzen wollte, sagte wahrscheinlich ab. Poirot, der inzwischen eifrig Beweismaterial für seine eigene, etwas weit hergeholte Theorie gesammelt hatte, war enttäuscht. Es war sehr ärgerlich, wenn Solly heute abend nicht kam. Andererseits hatte Solly heute morgen schon einen ekelhaften Husten gehabt, als sie telefoniert hatten.

„Er hat wirklich eine scheußliche Erkältung“, sagte sich Hercule Poirot, „und würde mich bestimmt anstecken. Besser, er kommt nicht. *Tout de même*“, fügte er seufzend hinzu, „das heißt, daß ich einen sehr langweiligen Abend vor mir habe.“

In letzter Zeit waren viele Abende langweilig, dachte Hercule Poirot. So brillant sein Verstand auch war (diese Tatsache hatte er noch nie bezweifelt), brauchte er doch

Anregung von außen. Philosophische Weltbetrachtung hatte ihm noch nie gelegen.

Sein Diener George betrat das Zimmer

„Das war Mr. Solomon Levy, Sir."

„Ah ja", sagte Hercule Poirot.

„Er bedauert sehr, aber er liegt mit einem schweren Grippeanfall im Bett."

„Er hat nicht die Grippe", sagte Hercule Poirot. „Er hat nur eine schwere Erkältung. Alle denken immer, sie haben die Grippe. Das klingt bedeutender. Die Leute haben dann mehr Mitgefühl mit einem."

„Trotzdem gut, daß er nicht kommt, Sir", sagte George. „Es wäre nicht das richtige, wenn Sie sich auch mit einer hinlegen müßten."

„Es wäre außerordentlich lästig", stimmte Poirot zu.

Das Telefon läutete zum zweitenmal.

„Und wer hat jetzt eine Erkältung?" fragte er. „Ich habe niemanden mehr eingeladen."

George ging zum Telefon.

„Ich nehme schon ab", sagte Poirot. „Ohne Zweifel wird es irgend etwas Uninteressantes sein. Aber " – und er zuckte die Achseln – „die Zeit vergeht wenigstens."

George sagte: „Wie Sie meinen, Sir" und verließ das Zimmer. Poirot streckte die Hand aus und hob den Hörer von der Gabel.

„Hier spricht Hercule Poirot", sagte er mit einer Würde, die den Anrufer, wer immer es sein mochte, beeindrucken sollte.

„Das ist ja wunderbar", sagte eine lebhafte weibliche Stimme atemlos. „Ich dachte nicht, daß Sie zu Hause sein würden."

„Warum haben Sie das gedacht?" fragte Poirot.

„Weil ich das Gefühl habe, daß heutzutage dauernd unangenehme Sachen passieren. Man braucht jemanden, es ist furchtbar eilig, man kann auf keinen Fall warten – und dann *muß* man warten. Ich wollte Sie dringend erreichen – Dringlichkeitsstufe eins!"

„Und wer sind Sie?" fragte Hercule Poirot.

Die weibliche Stimme klang überrascht. „Wissen Sie das denn nicht?"

„Doch, ich weiß", sagte Hercule Poirot. „Sie sind meine Freundin Ariadne."

„Und ich bin in einer fürchterlichen Verfassung", sagte Ariadne.

„Ja, ja, das höre ich. Sind Sie außerdem auch noch gerannt? Sie sind ziemlich atemlos."

„Gerannt bin ich nicht gerade. Es ist die Aufregung. Kann ich *jetzt gleich* zu Ihnen kommen?"

Poirot ließ einige Augenblicke verstreichen, ehe er antwortete. Seine Freundin Mrs. Oliver klang äußerst aufgeregt. Mochte los sein mit ihr, was wollte, auf jeden Fall würde sie Stunden damit verbringen, sich all ihre Klagen, ihre Frustrationen von der Seele zu reden. Wenn sie sich erst einmal in Poirots geheiligten vier Wänden niedergelassen hatte, würde sie schwerlich ohne einen gewissen Grad von Unhöflichkeit zum Heimgehen zu bewegen sein. Mrs. Oliver regte sich über so zahlreiche und häufig so unerwartete Dinge auf, daß man nur mit großer Vorsicht darauf eingehen durfte.

„Sie haben sich aufgeregt?"

„Ja. Ich weiß nicht, was ich machen soll. Ich weiß nicht – ich habe das Gefühl, ich muß kommen und Ihnen erzählen, was passiert ist, weil Sie der einzige sind, der vielleicht raten kann. Kann ich also kommen?"

„Aber gewiß, aber gewiß. Es wird mir eine Freude sein, Sie zu empfangen."

Am anderen Ende fiel der Hörer schwer in die Gabel. Poirot rief George, überlegte einige Minuten und ließ dann ein Glas Zitronenlimonade und für sich selbst ein Glas Kognak kommen.

„Mrs. Oliver kommt in etwa zehn Minuten", sagte er.

Dann wappnete er sich mit einem vorsichtigen Schluck Kognak gegen die Prüfungen, denen er in Kürze ausgesetzt sein würde.

„Es ist jammerschade", murmelte er vor sich hin, „daß sie so verrückt ist. Und trotzdem hat sie eine gewisse Originalität. Es kann sein, daß es mir sogar Spaß macht, ihr heute abend zuzuhören. Es kann aber auch sein" – er überlegte eine Minute –, „daß es den ganzen Abend in Anspruch nimmt und sich um außerordentlich törichtes Zeug handelt. *Eh bien*, man muß was riskieren im Leben."

Es klingelte. Diesmal an der Wohnungstür.

Er hörte, wie George die Tür öffnete, doch bevor der Besuch gemeldet werden konnte, flog die Wohnzimmertür auf, und Ariadne Oliver stürmte herein, in etwas gehüllt, das wie ein Südwester und das Ölzeug eines Fischers aussah.

„Um Gottes willen, was haben Sie denn an?" sagte Hercule Poirot. „Lassen Sie es sich von George abnehmen. Es ist sehr naß."

„Natürlich ist es naß", sagte Mrs. Oliver. „Draußen ist es auch sehr naß. Ich habe früher nie über Wasser nachgedacht. Es ist scheußlich, dran zu denken."

Poirot beobachtete sie mit Interesse.

„Möchten Sie eine Zitronenlimonade?" fragte er. „Oder kann ich Sie zu einem kleinen Glas *eau de vie* überreden?"

„Ich hasse Wasser", sagte Mrs. Oliver.

Poirot sah überrascht aus.

„Ich hasse Wasser. Ich habe früher nie darüber nachgedacht. Was es alles tun kann – und überhaupt."

„Liebe Freundin", sagte Hercule Poirot, während George sie aus den steifen Falten ihres Ölzeugs schälte. „Kommen

Sie, setzen Sie sich. Lassen Sie George das nehmen – was ist es?"

„Ich hab' es in Cornwall gekauft", sagte Mrs. Oliver. „Ölzeug. Richtiges, authentisches Ölzeug für Fischer."

„Die es zweifellos gut gebrauchen können", sagte Poirot. „Aber für Sie doch wohl nicht ganz das richtige. Viel zu schwer. Aber kommen Sie, setzen Sie sich und erzählen Sie mir."

„Ich weiß nicht, wie", sagte Mrs. Oliver und sank in einen Sessel. „Wissen Sie, manchmal habe ich das Gefühl, es kann gar nicht wahr sein. Aber es ist passiert."

„Erzählen Sie", sagte Poirot.

„Jetzt, wo ich hier bin, ist es so schwierig, weil ich nicht weiß, wo ich anfangen soll."

„Mit dem Anfang", schlug Poirot vor. „Oder ist das zu konventionell?"

„Ich weiß nicht, wann es angefangen hat. Das kann vor langer Zeit gewesen sein."

„Beruhigen Sie sich erst einmal", sagte Poirot. „Sammeln Sie die verschiedenen Fäden dieser Sache, und erzählen Sie mir dann. Was hat Sie so aufgeregt?"

„Sie hätte es auch aufgeregt", sagte Mrs. Oliver. „Jedenfalls nehme ich das an." Sie schien leise Zweifel zu hegen. „Man weiß bei Ihnen nie, was Sie aufregen würde. Sie nehmen so vieles mit Gelassenheit."

„Das ist oft das beste", sagte Poirot.

„Na schön", sagte Mrs. Oliver. „Es fing mit einer Gesellschaft an, einer Kindergesellschaft."

„Ah, ja", sagte Poirot erleichtert, daß ihm etwas so Alltägliches und Normales wie eine Gesellschaft präsentiert wurde. „Eine Gesellschaft. Sie sind auf eine Kindergesellschaft gegangen, und dann ist etwas passiert."

„Wissen Sie, was am Abend vor Allerheiligen los ist?" fragte Mrs. Oliver.

„Ja“, sagte Poirot mit einem Augenzwinkern. „Dann reiten die Hexen auf dem Besen.“

„Besen waren auch da“, sagte Mrs. Oliver. „Sie wurden prämiiert.“

„Prämiiert?“

„Ja, für die beste Dekoration.“

Poirot sah sie etwas skeptisch an.

„Ich gestehe, ich verstehe nicht ganz, wovon Sie sprechen“, sagte er.

Mrs. Oliver holte tief Luft und fing noch einmal an.

„Im Grunde fing es mit den Äpfeln an“, sagte sie.

„Ah, ja“, sagte Poirot, „natürlich. Bei Ihnen fängt es wohl immer damit an, nicht wahr?“

Er dachte an ein kleines Auto auf einem Hügel und an eine dicke Frau, die aus dem Auto ausstieg, und an eine Tüte mit Äpfeln, die zerriß, und an die Äpfel, wie sie den Hügel hinunterrollten.

„Apfelschnappen“, sagte Mrs. Oliver. „Das ist eines von den Spielen, die man auf solchen Kindergesellschaften spielt.“

„Ah, ja, ich glaube, ich habe schon davon gehört, ja.“

„Es wurde alles mögliche gespielt. Apfelschnappen und Mehlschneiden und dann das Spiegelorakel –“

„Bei dem das Gesicht des zukünftigen Liebsten im Spiegel erscheint?“

„Ah“, sagte Mrs. Oliver. „Endlich fangen Sie an zu verstehen.“

„Im Grunde alles alte Volksbräuche“, sagte Poirot. „Und all das fand auf Ihrer Kindergesellschaft statt.“

„Ja, und es war ein Riesenerfolg. Zuletzt kam der Feuerdrachen. Sie wissen ja, in einer großen Schüssel werden Rosinen verbrannt. Ich glaube“ – sie stockte –, „ich glaube, das muß der genaue Zeitpunkt gewesen sein, an dem es passiert ist.“

„An dem was passiert ist?"

„Der Mord. Nach dem Feuerdrachen gingen alle nach Hause", sagte Mrs. Oliver. „Und da konnte sie niemand finden."

„Wen?"

„Joyce. Alle riefen nach ihr und fragten, ob sie schon mit jemand anderem nach Hause gegangen war, und ihre Mutter wurde ziemlich ärgerlich. Aber trotzdem konnten wir sie nicht finden."

„Und – war sie schon nach Hause gegangen?"

„Nein", sagte Mrs. Oliver, „sie war nicht nach Hause gegangen ..." Ihre Stimme wurde unsicher. „Schließlich fanden wir sie dann doch. In der Bibliothek. Dort ist sie – dort muß es passiert sein. Apfelschnappen. Der Eimer war da. Ein großer Metalleimer. Den aus Plastik wollten sie nicht nehmen. Wenn sie ihn genommen hätten, wäre es vielleicht nicht passiert. Er wäre nicht schwer genug gewesen. Vielleicht wäre er umgekippt –"

„Was war denn passiert?" sagte Poirot. Seine Stimme klang scharf.

„Dort haben wir sie gefunden", sagte Mrs. Oliver. „Jemand, wissen Sie, jemand hatte ihren Kopf in das Wasser mit den Äpfeln gehalten. Hatte den Kopf festgehalten, so daß sie natürlich tot war. Ertrunken. *Ertrunken.* In einem nicht ganz vollen Metalleimer. Kniet sich hin und beugt ihren Kopf runter, um nach einem Apfel zu schnappen. Ich hasse Äpfel", sagte Mrs. Oliver. „Ich will nie wieder einen Apfel sehen ..."

Poirot sah sie an. Er streckte seine Hand aus und füllte ein kleines Glas mit Kognak.

„Trinken Sie", sagte er.

4

Mrs. Oliver stellte das Glas ab.

„Sie hatten recht", sagte sie. „Das – das hat geholfen. Ich war hysterisch."

„Sie haben einen Schock erlitten, das ist mir jetzt klar. Wann ist das alles passiert?"

„Gestern abend. War es erst gestern abend? Ja, ja natürlich."

„Und Sie sind zu mir gekommen."

„Ich dachte, Sie könnten mir helfen", sagte Mrs. Oliver. „Wissen Sie, es ist nämlich – es ist nicht so einfach."

„Ja und nein", sagte Poirot. „Das kommt drauf an. Sie müssen mir noch mehr erzählen. Ich nehme an, die Polizei hat den Fall übernommen. Ein Arzt wurde natürlich gerufen. Was hat er gesagt?"

„Daß der Fall gerichtlich untersucht werden muß."

„Natürlich."

„Morgen oder übermorgen ist die Untersuchung."

„Dieses Mädchen, diese Joyce – wie alt war sie?"

„Ich weiß es nicht genau. Zwölf oder dreizehn."

„Klein für ihr Alter?"

„Nein, nein, ziemlich reif. Rund."

„Gut entwickelt? Sie meinen sexy?"

„Ja. Aber ich glaube nicht, daß es so ein Verbrechen war – ich meine, das wäre vergleichsweise einfach."

„Es ist jedenfalls ein Verbrechen", sagte Poirot, „von dem man fast jeden Tag in der Zeitung liest. Ein Mädchen wird belästigt, ein Schulkind überfallen – ja, jeden Tag. Das hier ist in einem Privathaus passiert, insofern ist ein gewisser Unterschied. Doch sei es, wie es wolle, ich bin bis jetzt nicht ganz sicher, daß Sie mir alles erzählt haben."

„Nein, das glaube ich auch nicht", sagte Mrs. Oliver. „Ich habe Ihnen den Grund noch nicht gesagt, ich meine, den Grund, warum ich hier bin."

„Sie haben diese Joyce gut gekannt?"

„Ich habe sie überhaupt nicht gekannt. Ich will Ihnen lieber erst mal erklären, wie ich überhaupt dort hingekommen bin."

„Wohin?"

„Ach so – ein kleiner Ort, er heißt Woodleigh Common."

„Woodleigh Common", sagte Poirot nachdenklich. „Wo habe ich denn gerade –" Er brach ab.

„Es ist nicht sehr weit von London entfernt, fünfzig bis sechzig Kilometer. In der Nähe von Medchester. Es ist einer von den Orten, wo es ein paar schöne Häuser gibt und in letzter Zeit viel gebaut worden ist. Ein reiner Wohnort. In der Nähe ist eine gute Schule, und die Leute können leicht mit dem Vorortzug nach London oder Medchester fahren."

„Woodleigh Common", sagte Poirot wieder nachdenklich.

„Ich war dort bei einer Freundin zu Besuch. Judith Butler. Sie ist verwitwet. Ich habe in diesem Jahr eine Seereise nach Griechenland gemacht, und Judith war auch auf dem Schiff, und wir haben uns angefreundet. Sie hat eine Tochter, sie heißt Miranda, zwölf oder dreizehn Jahre alt. Jedenfalls hatte sie mich eingeladen, und dann hat sie mir erzählt, daß Freunde von ihr die Kindergesellschaft geben. Sie meinte, ich könnte vielleicht ein paar interessante Einfälle beisteuern."

„Aha", sagte Poirot, „sie hat nicht vorgeschlagen, daß Sie ein Mörderspiel arrangieren sollten oder so?"

„Um Himmels willen, nein", sagte Mrs. Oliver. „Glauben Sie wirklich, daß ich mich darauf noch einmal einlassen würde?"

„Ich halte es für unwahrscheinlich."

„Aber trotzdem ist es passiert, das ist so entsetzlich dabei“, sagte Mrs. Oliver. „Ich meine, es kann doch nicht passiert sein, nur weil *ich* dabei war?“

„Das glaube ich nicht. War den anderen bekannt, wer Sie sind?“

„Ja“, sagte Mrs. Oliver. „Eins von den Kindern hat irgend etwas über meine Bücher gesagt und daß sie gern Mordgeschichten lesen. So kam es – ich meine, das führte dazu – zu dieser Sache, derentwegen ich zu Ihnen gekommen bin.“

„Und worüber Sie mir noch nichts gesagt haben.“

„Na ja, zuerst habe ich nicht dran gedacht. Nicht gleich jedenfalls. Kinder tun doch manchmal verrückte Sachen. Ich meine, es gibt doch Kinder, bei denen irgendwas nicht ganz stimmt und die früher wahrscheinlich in Heime gekommen wären, aber heutzutage werden sie wieder nach Hause geschickt, und es wird gesagt, sie sollen ein normales Leben führen oder so, und dann gehen sie und tun so etwas.“

„Waren auch größere Jungen dabei?“

„Ja, zwei, so zwischen sechzehn und achtzehn.“

„Einer von ihnen könnte es wohl getan haben. Ist das die Meinung der Polizei?“

„Das verraten sie nicht“, sagte Mrs. Oliver. „Aber sie haben so ausgesehen, als wenn sie das dächten.“

„War diese Joyce attraktiv?“

„Ich glaube nicht“, sagte Mrs. Oliver. „Sie meinen doch, wirkte sie anziehend auf Jungen, nicht wahr?“

„Nein“, sagte Poirot. „Ich glaube, ich habe es im allgemeinen Sinne gemeint.“

„Ich kann mir nicht denken, daß sie ein nettes Mädchen war“, sagte Mrs. Oliver. „Kein Kind, mit dem man sich gern unterhielt. Sie war eine von denen, die sich immer in den Vordergrund spielen müssen. Sie war natürlich in einem dummen Alter. Es klingt so unfreundlich, was ich über sie sage, aber –“

„Bei einem Mord ist es nicht unfreundlich, wenn man sagt, wie das Opfer war", sagte Poirot. „Es ist sogar sehr notwendig. Der Grund für manch einen Mord ist die Persönlichkeit des Opfers. Wie viele Leute waren zu diesem Zeitpunkt im Haus?"

„Bei der Gesellschaft? Tja, fünf oder sechs Frauen, ein paar Mütter, eine Lehrerin, eine Arztfrau oder seine Schwester, glaube ich, ein mittelaltes Ehepaar, die beiden Jungen zwischen sechzehn und achtzehn, ein fünfzehnjähriges Mädchen, zwei oder drei Elf- oder Zwölfjährige – na ja, und so weiter. Alles in allem etwa fünfundzwanzig oder dreißig Personen."

„Waren denn irgendwelche Unbekannte dabei?" fragte Poirot.

„Alle kannten sich. Manche besser, manche weniger. Die Mädchen waren wohl alle in derselben Schule. Zwei Frauen waren da zum Helfen beim Essenmachen und so. Als die Gesellschaft zu Ende war, gingen die meisten Mütter mit ihren Kindern nach Hause. Ich blieb mit Judith und zwei andern zusammen noch da, um Rowena Drake beim Aufräumen zu helfen – das war die Frau, in deren Haus das Fest stattfand –, damit die Putzfrauen am nächsten Morgen nicht soviel zu tun hatten. Überall war Mehl verstreut, und es lagen Papierhüte herum und anderer Kram. Wir haben also ein bißchen aufgeräumt und alles zusammengeräumt, und als letztes kamen wir in die Bibliothek. Und da – da haben wir sie gefunden. Und dann fiel mir ein, was sie gesagt hatte."

„Wer?"

„Joyce."

„Was hat sie denn gesagt? Wir kommen jetzt endlich zur Hauptsache, nicht wahr? Zu dem Grund, warum Sie zu mir gekommen sind?"

„Ja. Ich habe gedacht, ein Arzt oder die Polizei oder so

jemand wird sich nichts dabei denken, aber Sie würden vielleicht was draus machen können."

„*Eh bien*", sagte Poirot. „Reden Sie. Hat Joyce während der Gesellschaft etwas gesagt?"

„Nein – vorher. Am Nachmittag waren wir alle da zum Vorbereiten. Sie hatten sich über meine Kriminalromane unterhalten, und dann sagte Joyce: ‚Ich hab' mal einen Mord *gesehen*', und eins von den älteren Mädchen sagte: ‚Das phantasierst du dir ja nur zusammen', und Joyce sagte: ‚Es stimmt aber. Ich *hab's* gesehen. Bestimmt. Ich hab' jemanden gesehen, wie er einen Mord beging', aber niemand glaubte ihr. Alle lachten, und sie wurde sehr böse."

„Haben *Sie* ihr geglaubt?"

„Nein, natürlich nicht."

„So", sagte Poirot, „aha." Er schwieg einen Augenblick und trommelte mit dem Finger auf die Tischplatte. Dann sagte er: „Ich überlege gerade – sie hat keine Einzelheiten erwähnt – keine Namen?"

„Nein. Ich glaube, die Mütter und die anderen Erwachsenen waren ziemlich ärgerlich auf sie. Aber die Mädchen und Jungen lachten sie einfach aus. Sie sagten Sachen wie ‚Was du nicht sagst, Joyce, wann war denn das? Warum hast du uns nie was davon erzählt?'. Und Joyce rief: ‚Weil ich's vergessen hatte, es ist ja schon so lange her.'"

„Aha! Hat sie gesagt, wie lange her?"

„‚Vor Jahren', hat sie erklärt. ‚Warum hast du's denn damals nicht der Polizei gesagt?' hat dann ein Mädchen gefragt. Ich glaube, das war Ann – oder Beatrice. Ein ziemlich selbstbewußtes, eingebildetes Mädchen."

„Aha. Und?"

„Sie hat gemeint: ‚Weil ich damals nicht wußte, daß es ein Mord war.'"

„Eine sehr interessante Bemerkung", sagte Poirot und richtete sich in seinem Sessel auf.

„Ich glaube, sie geriet schließlich ein bißchen durcheinander", sagte Mrs. Oliver. „Einerseits wollte sie erklären, und andererseits war sie wütend, weil alle sie neckten. Sie fragten immer wieder, warum sie nicht zur Polizei gegangen sei, und sie antwortete immer wieder: ‚Weil ich damals nicht wußte, daß es ein Mord war. Erst viel später ist mir plötzlich aufgegangen, daß es ein Mord war, den ich gesehen hatte.'"

„Aber niemand glaubte ihr. Sie auch nicht. Aber als Sie sie ermordet auffanden, hatten Sie plötzlich das Gefühl, daß sie vielleicht doch die Wahrheit gesagt hatte?"

„Ja, genau. Ich wußte nicht, was ich tun sollte oder was ich überhaupt tun *konnte*."

Poirot nickte bestätigend. Er schwieg kurze Zeit und sagte dann: „Ich muß Ihnen eine ernste Frage stellen, und bitte, überlegen Sie, bevor Sie antworten. Glauben Sie, daß dieses Mädchen *wirklich* einen Mord gesehen hat? Oder glauben Sie, daß sie nur *gedacht* hat, sie habe einen Mord gesehen?"

„Das erstere, meine ich", sagte Mrs. Oliver. „Zuerst habe ich's nicht geglaubt. Ich dachte nur, sie erinnere sich an irgend etwas, das sie mal irgendwo gesehen hatte, und übertreibe nun maßlos, damit es wichtig und aufregend klingen sollte. Sie sagte richtig mit Vehemenz: ‚Ich *hab'* es gesehen. Jawohl. Jawohl. Jawohl!' Und deshalb bin ich zu Ihnen gekommen, weil das einzige Motiv für ihre Ermordung nur sein kann, daß es wirklich ein Mord war und sie ihn sah."

„Das würde gewisse Folgerungen nach sich ziehen. Eine davon wäre, daß einer der Gäste den damaligen Mord begangen hat und dieselbe Person auch am Nachmittag dabeigewesen sein muß, als Joyce ihre Bemerkung machte."

„Sie glauben doch nicht, daß ich mir das alles eingebildet

habe?" sagte Mrs. Oliver. „Daß alles nur in meiner blühenden Phantasie stattgefunden hat?"

„Ein Mädchen ist ermordet worden", sagte Poirot. „Von jemandem, der kräftig genug war, um ihren Kopf in einem Eimer unter Wasser festzuhalten. Ein sehr häßlicher Mord, und ein Mord, der sozusagen unter Zeitdruck begangen wurde. Jemand wurde bedroht, und dieser Jemand schlug zu, sobald es möglich war."

„Joyce kann nicht gewußt haben, wer den Mord begangen hat, bei dem sie Zeuge war", sagte Mrs. Oliver. „Sie hätte doch kaum all das gesagt, wenn der Betreffende im Zimmer gewesen wäre."

„Nein, ich glaube, da haben Sie recht. Sie hat einen Mord gesehen, aber nicht das Gesicht des Mörders. Wir müssen darüber hinaus denken."

„Ich verstehe nicht genau, was Sie meinen."

„Es könnte doch sein, daß jemand, der am Nachmittag dabei war, als Joyce ihre Anschuldigung vorbrachte, etwas von diesem Mord wußte, wer ihn begangen hat, vielleicht in enger Beziehung zu dieser Person stand. Und es könnte sein, daß dieser Jemand dachte, daß er der einzige sei, der weiß, was seine Frau oder seine Mutter oder seine Tochter oder sein Sohn begangen hat. Oder es hätte eine Frau sein können, die wußte, was ihr Mann oder ihre Mutter oder ihre Tochter oder ihr Sohn begangen hat. Jemand, der dachte, daß es niemand anders wisse. Und dann fing Joyce an zu reden ..."

„Und deshalb –"

„Mußte Joyce sterben?"

„Ja. Was werden wir tun?"

„Mir ist eben eingefallen", sagte Poirot, „warum mir der Name Woodleigh Common so bekannt vorkam."

5

Hercule Poirot blickte über die niedrige Gartenpforte, durch die man zu „Haus Pinienhügel“ gelangte. Es war ein modernes, gut gebautes, kleines Haus. Hercule Poirot war etwas außer Atem. Das niedrige, adrette Haus vor ihm verdiente seinen Namen zu Recht: Es lag auf der Kuppe eines Hügels, und die Hügelkuppe war mit einigen spärlichen Pinien bepflanzt. Das Haus hatte einen kleinen, gepflegten Garten, und ein korpulenter älterer Mann rollte gerade eine große Gießkanne auf einem Fahrgestell vor sich her den Weg hinunter.

Superintendent Spence war jetzt ganz ergraut, aber an Umfang hatte er kaum etwas eingebüßt. Er hielt mit seiner Kanne inne und sah den Besucher an der Gartenpforte an. Hercule Poirot stand, ohne sich zu bewegen.

„Himmlischer Vater“, sagte Superintendent Spence. „Er muß es sein. Unglaublich, aber trotzdem. Ja, er ist es. Hercule Poirot in Lebensgröße.“

„Ah“, sagte Hercule Poirot. „Sie erkennen mich. Sehr schmeichelhaft.“

„Möge Ihr Schnurrbart wachsen und gedeihen“, sagte Spence. Er ließ die Kanne stehen und kam zur Gartenpforte. „Unkraut, dieses Teufelszeug“, sagte er. „Und was bringt Sie zu mir?“

„Das, was mich schon an viele Orte gebracht hat“, sagte Hercule Poirot, „und was einst vor vielen Jahren *Sie* zu *mir* gebracht hat. Ein Mord.“

„Mit Morden beschäftige ich mich nicht mehr“, sagte Spence, „außer wenn's um Unkraut geht. Das mache ich gerade, mit Unkrautvertilger gießen. Das ist gar nicht so einfach, wie man denkt, irgendwas paßt immer gerade nicht, meist das Wetter. Es darf nicht zu naß sein, aber auch nicht zu trocken. Woher wußten Sie eigentlich, wo ich wohne?"

„Sie haben mir eine Weihnachtskarte geschickt, mit Ihrer Adresse."

„Ach ja, stimmt. Ich schicke zu Weihnachten immer Karten an ein paar alte Freunde."

„Ich bin mir der Ehre bewußt", sagte Poirot. „Warum sind Sie nach Woodleigh Common gezogen?"

„Um mit meiner Schwester zusammen zu wohnen. Sie hat ihren Mann verloren, ihre Kinder sind verheiratet und wohnen im Ausland. Mit *einer* Pension kommt man heutzutage nicht weit, aber wir beide zusammen können uns ein ganz gutes Leben machen. Kommen Sie rein und setzen Sie sich."

Er führte Poirot auf eine kleine Veranda, auf der ein Tisch und mehrere Stühle standen. Die Fenster waren verglast, und die Herbstsonne schien warm und freundlich herein.

„Was wollen Sie trinken?" fragte Spence. „Ausgefallene Sachen habe ich nicht da. Bier? Oder soll Elspeth Ihnen eine Tasse Tee machen? Oder Kakao? Meine Schwester Elspeth ist Kakaotrinker."

„Sehr liebenswürdig. Für mich bitte ein Bier."

Spence ging ins Haus und kam kurze Zeit später mit zwei großen Glaskrügen zurück. „Ich trinke dasselbe wie Sie", sagte er.

Er schob einen Stuhl an den Tisch und setzte sich. Die beiden Krüge stellte er vor Poirot und sich auf den Tisch.

„Was hatten Sie eben gesagt?" fragte er und hob sein Glas. „Wir wollen nicht auf das Verbrechen trinken. Ich habe damit nichts mehr zu tun, und wenn Sie an dasselbe Verbrechen denken wie ich, was ich fast vermute, dann muß ich Ihnen sagen, daß ich diese Art von Mord verabscheue."

„Ja, ich habe es mir schon gedacht."

„Wir reden doch beide von dem Kind, das in einem Eimer mit Wasser ertränkt wurde?“

„Ja“, sagte Hercule Poirot.

„Ich weiß nicht, warum Sie zu mir gekommen sind“, sagte Spence. „Ich habe mit der Polizei nichts mehr zu tun. Das ist seit Jahren vorbei.“

„Einmal Polizist“, sagte Poirot, „immer Polizist. Das heißt, hinter der Meinung des Privatmannes steht immer die des Polizeibeamten. Ich weiß, wovon ich rede. Auch ich habe damals in meinem Heimatland bei der Polizei angefangen.“

„Na schön, ich nehme an, man sieht die Dinge aus einer bestimmten Sicht, aber ich habe seit langem keine aktive Verbindung mehr zur Polizei.“

„Aber Sie hören den Klatsch“, sagte Poirot. „Sie sind mit den Leuten aus Ihrer Berufssparte befreundet. Sie hören, was sie denken, welchen Verdacht sie haben.“

„Aber wie sind Sie in diese Sache geraten? Ihre Gegend ist das hier doch nicht? Ich dachte, Sie wohnen in London.“

„Ich wohne immer noch dort. Ich habe mich auf Bitten einer Freundin, Mrs. Oliver, eingeschaltet. Sie erinnern sich an Mrs. Oliver?“

Spence hob den Kopf, schloß die Augen und schien nachzudenken.

„Mrs. Oliver? Nein, tut mir leid.“

„Sie schreibt Bücher: Kriminalromane. Sie sind ihr begegnet, als Sie mich überredet haben, die Ermordung von Mrs. McGinty zu untersuchen. Sie werden doch Mrs. McGinty nicht vergessen haben?“

„Himmel, nein! Aber das ist alles so lange her. Sie haben mir da einen großen Gefallen getan, Poirot. Ich brauchte Ihre Hilfe, und Sie haben mich nicht im Stich gelassen.“ Dann sagte er plötzlich: „Mrs. Oliver. Ariadne Oliver. *Äpfel*. Ist sie deshalb in den Fall verwickelt? Das arme Kind ist bei einer Kindergesellschaft in einem Eimer Wasser mit darin herumschwimmenden Äpfeln ertränkt worden, nicht wahr? Interessiert sich Mrs. Oliver deshalb dafür?"

„Ich glaube nicht, daß sie auf Grund der Äpfel besonders angezogen ist von der Sache", sagte Poirot, „aber sie war bei dem Fest."

„Meinen Sie damit, daß sie hier wohnt?"

„Nein, sie ist zu Besuch bei einer Freundin, einer Mrs. Butler."

„Butler? Die kenne ich. Wohnt bei der Kirche. Witwe. Ihr Mann war Pilot. Hat eine Tochter. Nett aussehendes Mädchen. Mrs. Butler ist eine sehr attraktive Frau, finden Sie nicht auch?"

„Bis jetzt kenne ich sie kaum, aber ja, ich fand sie auch sehr attraktiv."

„Und inwiefern haben Sie damit zu tun? Als es passierte, waren Sie doch nicht hier?"

„Nein. Mrs. Oliver ist in London zu mir gekommen. Sie bat mich, etwas zu unternehmen."

Superintendent Spence lächelte.

„Aha. Immer dasselbe. Auch ich bin zu Ihnen gekommen und habe Sie gebeten, etwas zu unternehmen."

„Und ich gehe noch einen Schritt weiter", sagte Poirot, „und komme zu *Ihnen*."

„Ich kann doch nichts tun."

„O ja. Sie können mir alles über die Leute hier erzählen, die hier wohnen, die zu dieser Kindergesellschaft gegangen sind. Die Väter und Mütter der Kinder. Die Schule, die Lehrer, die Rechtsanwälte, die Ärzte. Während einer Kindergesellschaft hat jemand ein Kind aufgefordert, sich hinzuknien, und vielleicht lachend gesagt: ‚Ich zeig' dir, wie man einen Apfel am besten mit den Zähnen greifen kann. Ich kenne einen Trick.' Und dann hat er oder sie – wer immer es war – eine Hand auf den Kopf des Mädchens gelegt. Es wird kein langer Kampf gewesen sein und nicht viel Lärm gemacht haben."

„Eine ekelhafte Sache", sagte Spence. „Das habe ich gleich gedacht, als ich davon hörte. Was wollen Sie wissen? Ich wohne seit einem Jahr hier. Meine Schwester ist schon länger hier, zwei oder drei Jahre. Es ist keine große Gemeinde. Die Leute kommen und gehen. Aber ein paar wohnen schon sehr lange hier. Miss Emlyn, die Schulleiterin, zum Beispiel. Oder Dr. Ferguson."

„Ich möchte doch hoffen", sagte Hercule Poirot, „daß Sie mir, nachdem ich völlig mit Ihnen übereinstimme, daß dies eine ekelhafte Sache ist, sagen können, wer die ekelhaften Leute hier sind."

„Nach denen sieht man sich als erstes um, nicht wahr? Und als nächstes sieht man sich bei einem solchen Mord nach einem ekelhaften jungen Mann um. Wem liegt daran, ein Mädchen von dreizehn Jahren zu erwürgen oder zu ertränken? Es scheinen keinerlei Anzeichen für einen Sexualmord vorzuliegen, den man als erstes in Betracht ziehen muß. Heutzutage in jeder kleinen Stadt und in jedem Dorf ein häufiges Verbrechen."

„Kommt das hier in Frage?"

„Nun ja, es fällt einem als erstes ein", sagte Spence. „Irgend jemand war bei der Kindergesellschaft, der diesen – sagen wir mal: Drang hatte. Vielleicht hat er's schon mal getan, vielleicht wollte er es auch nur tun. Ich würde sagen, bei den Ermittlungen wird irgendwo etwas Einschlägiges zum Vorschein kommen. Bis jetzt allerdings hat sich, soweit ich weiß, noch nichts in dieser Art ergeben. Offiziell jedenfalls nicht. Zwei Gäste sind im richtigen Alter. Nicholas Ransom, netter Junge, siebzehn oder achtzehn. Kommt von der Ostküste. Scheint in Ordnung zu sein. Er sieht jedenfalls ganz normal aus. Und dann Desmond. Ist mal von der Jugendbehörde zum Psychiater geschickt worden, aber ich glaube nicht, daß da viel dran war. Es muß einer von den Gästen gewesen sein, obgleich ich auch wieder denke, es kann jemand von draußen reingekommen sein. Nach hinten raus ist immer eine Tür oder ein Fenster offen. Ein nicht ganz lupenreiner Typ kann ja vorbeigekommen sein, geschaut haben, was im Haus los ist, und sich reingeschlichen haben. Immerhin, ganz schön riskant. Würde ein Kind, das auf einem Kinderfest ist, mit jemandem mitgehen und Apfelschnappen spielen, den es *nicht* kennt? Wie dem auch sei, Sie haben immer noch nicht erklärt, Poirot, was Sie mit der Sache zu tun haben. Sie haben gesagt, wegen Mrs. Oliver. Irgendeine von ihren verrückten Ideen?"

„Nicht gerade eine verrückte Idee", sagte Poirot. „Es stimmt, daß Schriftsteller oft verrückte Einfälle haben, die von der Wahrscheinlichkeit recht weit entfernt sind. Aber diesmal hat sie lediglich etwas gehört, was dieses Mädchen gesagt hat."

„Wer, Joyce?"

„Ja."

Spence beugte sich vor und sah Poirot fragend an.

„Ich werde es Ihnen erzählen."

Mit leiser Stimme gab Poirot kurz wieder, was Mrs. Oliver ihm erzählt hatte.

„Ich verstehe", sagte Spence und rieb seinen Schnurrbart. „Das Mädchen hat das gesagt. Daß sie gesehen hat, wie jemand ermordet worden ist. Hat sie gesagt, wann oder wie?"

„Nein", sagte Poirot.

„Wie kam sie denn drauf?"

„Ich glaube, jemand machte eine Bemerkung über die Morde in Mrs. Olivers Büchern. Es war eins von den Kindern, etwa in dem Sinne, daß in ihren Büchern nicht genug Leichen und Blut vorkämen. Und da sagte Joyce, sie habe schon mal einen Mord gesehen."

„Prahlte sie damit?“

„Mrs. Oliver hatte den Eindruck.“

„Es braucht also nicht wahr gewesen zu sein.“

„Nein, absolut nicht.“

„Kinder geben oft seltsame Behauptungen von sich, wenn sie sich in den Mittelpunkt spielen wollen. Andererseits kann es natürlich auch gestimmt haben.“

„Ich weiß es nicht“, sagte Poirot. „Ein Kind prahlt damit, Zeuge eines Mordes gewesen zu sein. Wenige Stunden später ist dieses Kind tot. Sie müssen zugeben, daß es Grund gibt anzunehmen, daß es sich hier um Ursache und Wirkung handelt. Wenn es so ist, dann hat jemand keine Zeit verloren.“

„Das kann man wohl sagen“, stimmte Spence zu. „Wie viele Leute haben denn Joyces Behauptung über den Mord gehört? Wissen Sie das genau?“

„Mrs. Oliver hat mir nur gesagt, es seien vierzehn oder fünfzehn Leute dagewesen, vielleicht auch mehr. Fünf oder sechs Kinder, fünf oder sechs Erwachsene, die das Ganze leiteten. Aber was die genauen Zahlen betrifft, bin ich auf Sie angewiesen.“

„Das wird einfach sein“, sagte Spence. „Ich weiß sie jetzt schon annähernd. Fast alle waren Frauen. Väter gehen im allgemeinen nicht zu Kinderfesten. Sie sehen höchstens mal rein oder holen ihre Kinder ab. Dr. Ferguson war da, der Pfarrer war da. Im übrigen Mütter, Tanten, zwei Lehrerinnen aus der Schule. Ich kann Ihnen eine Liste geben. Grob geschätzt würde ich sagen, es waren etwa vierzehn Kinder, das jüngste nicht älter als zehn, und dann alle Altersstufen bis etwa achtzehn.“

„Und ich nehme an, Sie wissen, wer von allen in Frage käme?“ fragte Poirot.

„Tja, das ist jetzt nicht mehr so einfach, wenn das stimmt, was Sie denken.“

„Sie wollen damit sagen, daß Sie nicht mehr nach einer sexuell gestörten Person Ausschau halten. Statt dessen müssen Sie jemanden suchen, der einen Mord begangen hat und nicht entdeckt worden ist, jemanden, der nie erwartet hat, entdeckt zu werden, und der jetzt eine häßliche Überraschung erlebt hat."

„Ich kann mir trotzdem nicht vorstellen, wer das sein könnte. Wir haben hier niemanden, dem das zuzutrauen wäre, und Morde sind in letzter Zeit auch nicht vorgekommen."

„Es gibt überall Leute, denen ein Mord zuzutrauen ist", sagte Poirot. „Oder vielleicht sollte ich besser sagen: denen ein Mord nicht zuzutrauen ist, die aber trotzdem Mörder sind. Weil gerade die am wenigsten entdeckt werden. Viele Beweise gegen sie gibt es wahrscheinlich nicht, und für einen solchen Mörder muß es ein Schock sein zu erfahren, daß es einen Augenzeugen gibt."

„Warum hat Joyce aber damals nicht gleich etwas gesagt? Das würde ich gern wissen. Ist sie von jemandem bestochen worden? Das wäre doch ein bißchen zu riskant."

„Nein", sagte Poirot. „Soweit ich Mrs. Oliver verstanden habe, hat sie damals nicht erkannt, daß das, was sie sah, ein Mord war."

„Aber das ist doch ganz unmöglich", sagte Spence.

„Nicht ohne weiteres", sagte Poirot. „Eine Dreizehnjährige erzählt etwas, sie erinnert sich an etwas, das sie einmal gesehen hat. Wir wissen nicht genau, wann. Es kann drei oder vier Jahre her gewesen sein. Sie hat etwas gesehen, aber seine wahre Bedeutung nicht erkannt. Dafür gibt es viele Möglichkeiten, *mon cher*. Zum Beispiel einen etwas merkwürdigen Autounfall. Ein Auto, das offensichtlich direkt auf eine Person losfährt, die verletzt oder vielleicht getötet wird. Ein Kind merkt möglicherweise *zu dem Zeitpunkt* nicht, daß Absicht dahintersteckt. Aber ein, zwei

Jahre später sagt jemand etwas, oder sie sieht etwas, und sie erinnert sich und sagt sich vielleicht: ‚A oder B oder X hat das *mit Absicht* getan. Vielleicht war es in Wirklichkeit ein Mord und gar kein Unfall.' Und es gibt noch mehr Möglichkeiten. Einige davon, ich gebe es zu, stammen von meiner Freundin Mrs. Oliver, die immer mit Leichtigkeit ein Dutzend Lösungen vorschlagen kann, von denen alle nicht sehr wahrscheinlich, die meisten aber immerhin möglich sind. Tabletten, die jemand in eine Tasse Tee schüttet, die er dann jemand anderem anbietet. Etwa in der Art. Doch, es gibt sehr viele Möglichkeiten."

„Und Sie sind hier, um sie zu prüfen?"

„Das wäre doch, meine ich, im Interesse der Allgemeinheit, glauben Sie nicht?" sagte Poirot.

„Aha, wir sollen gemeinnützig sein, wir beide."

„Wenigstens informieren können Sie mich doch", sagte Poirot. „Sie kennen die Leute hier."

„Ich werde sehen, was sich machen läßt", sagte Spence. „Und ich werde Elspeth einspannen. Es gibt nicht viel, was sie über die Leute hier nicht weiß."

6

Poirot verabschiedete sich von seinem Freund, sehr zufrieden mit dem, was er erreicht hatte.

Die Informationen, die er brauchte, würde er bekommen – das bezweifelte er keinen Augenblick. Er hatte Spences Interesse geweckt. Und wenn Spence einmal eine Spur aufgenommen hatte, gab er nicht so schnell wieder auf. Als pensionierter hoher Polizeibeamter hatte er bestimmt Freunde bei der Ortspolizei.

Als nächstes – Poirot sah auf die Uhr – war er in genau zehn Minuten mit Mrs. Oliver vor einem Haus verabredet, das den Namen „Haus Apfelbaum“ trug. Ein sehr passender Name.

Wirklich, dachte Poirot, es schien nicht möglich zu sein, von Äpfeln loszukommen. Nichts konnte erfreulicher sein als ein saftiger englischer Apfel. Aber hier dachte man bei Äpfeln an Besenstiele und Hexen und alte Volksbräuche und ein ermordetes Kind.

Poirot folgte dem Weg, der ihm gesagt worden war, und kam auf die Minute genau vor einem roten Backsteinhaus an, Haus und Garten von einer gepflegten Buchenhecke umgeben.

Er öffnete das schmiedeeiserne Gartentor und betrat den Weg, der zur Haustür führte, als sich diese wie bei einer Kuckucksuhr öffnete und als überdimensionaler Kuckuck Mrs. Oliver auf der Schwelle erschien.

„Sie sind überpünktlich“, sagte sie atemlos. „Ich habe Sie durchs Fenster gesehen.“

Poirot drehte sich um und schloß das Gartentor sorgfältig hinter sich. Bei praktisch jeder Begegnung mit Mrs. Oliver, ob verabredet oder zufällig, hatte sich ihm bis jetzt immer das Apfelmotiv aufgedrängt: Entweder aß sie gerade einen Apfel, oder sie hatte gerade einen gegessen, oder sie trug eine Tüte mit Äpfeln in der Hand. Aber diesmal war weit und breit nichts von Äpfeln zu sehen.

„Ich versteh' nicht, warum Sie nicht bei Judith Butler wohnen“, sagte Mrs. Oliver, „anstatt in einer Pension.“

„Weil es besser ist, wenn ich mir die Sache aus einer gewissen Distanz betrachte“, sagte Poirot. „Man darf sich nicht einwickeln lassen, verstehen Sie.“

„Ich sehe nicht, wie Sie das auf die Dauer vermeiden wollen. Schließlich müssen Sie doch zu allen hingehen und mit ihnen sprechen, nicht wahr?“

„Allerdings“, sagte Poirot.

„Mit wem haben Sie bis jetzt gesprochen?“

„Mit meinem Freund, Superintendent Spence."
„Und was ist seine Meinung?"
„Sie sind zu voreilig", sagte Poirot.
„Und was wollen Sie beide unternehmen?"
„Mein Programm ist genau geplant", sagte Poirot. „Zuerst habe ich meinen alten Freund besucht und mich mit ihm beraten. Ich habe ihn gebeten, mir, wenn möglich, Informationen zu verschaffen, an die ich sonst nicht herankomme."
„Und dann?"
„Und jetzt bin ich bei Ihnen hier, Madame. Ich muß den Ort sehen, an dem das Ganze passiert ist."
Mrs. Oliver wandte den Kopf und sah am Haus empor.
„Es sieht nicht aus wie ein Haus, in dem ein Mord passiert, nicht?"
„Nein", sagte Poirot, „durchaus nicht. Wenn ich gesehen habe, wo es passiert ist, werde ich mit Ihnen zu der Mutter des toten Kindes gehen. Dort werde ich hören, was sie mir zu sagen hat. Heute nachmittag wird mein Freund Spence für mich eine Verabredung mit dem Inspektor hier treffen. Außerdem würde ich gern mit dem Arzt sprechen und vielleicht auch noch mit der Schulleiterin. Um sechs Uhr bin ich zum Tee bei meinem Freund Spence und seiner Schwester, und wir werden alles besprechen."
„Was, glauben Sie, wird er Ihnen noch erzählen?"
„Ich will vor allem seine Schwester sprechen. Sie wohnt schon länger hier als er. Sie kennt die Leute hier wahrscheinlich gut."
„Wissen Sie, wie Sie mir vorkommen?" fragte Mrs. Oliver. „Wie ein Computer. Sie programmieren sich selbst. Sie füttern sich mit all diesem Zeug, und dann warten Sie ab, was wieder rauskommt."
„Das ist gar kein dummer Gedanke", sagte Poirot interessiert. „Ja, ja, ich spiele die Rolle eines Computers. Ich werde mit Informationen gefüttert –"

„Und wenn nun lauter falsche Antworten dabei herauskommen?“ sagte Mrs. Oliver.

„Das ist ganz unmöglich“, sagte Hercule Poirot. „Das tun Computer nicht.“

„Sie *sollten* es nicht tun“, sagte Mrs. Oliver, „aber Sie würden sich wundern über das, was manchmal passiert. Meine letzte Stromrechnung zum Beispiel. Ich weiß, es gibt ein Sprichwort ‚Irren ist menschlich‘, aber ein menschlicher Irrtum ist nichts gegen das, was ein Computer fertigbringt, wenn er's erst mal versucht. Kommen Sie rein, und sprechen Sie mit Mrs. Drake.“

Mrs. Drake war zweifellos bemerkenswert, dachte Poirot. Sie war eine große, gut aussehende Frau in den Vierzigern, ihr goldblondes Haar hatte einen leichten grauen Schimmer, ihre Augen waren leuchtend blau, und sie strahlte Tüchtigkeit aus allen Poren aus. Jede von ihr arrangierte Gesellschaft mußte ein Erfolg sein.

Mrs. Drake begrüßte Mrs. Oliver und Poirot, der sich jedoch des Gefühls nicht erwehren konnte, daß sie dabei einen überaus starken Ärger zu verbergen suchte – was ihr auch fast gelang –, Ärger darüber, daß man sie in die Situation gebracht hatte, Gastgeberin bei einem gesellschaftlichen Ereignis gewesen zu sein, das durch etwas so Gesellschaftswidriges wie einen Mord verunziert worden war. Poirot hatte außerdem den Verdacht, daß sie glaubte, als prominentes Mitglied der Gemeinde versagt zu haben, und daß sie unglücklich darüber war. Was hier passiert war, hätte nicht passieren *dürfen*. Bei anderen Leuten in anderen Häusern – ja. Aber bei einem Kinderfest, von ihr arrangiert, von ihr veranstaltet, von ihr organisiert – nein. Poirot wurde das Gefühl nicht los, daß sie im Hintergrund ihrer Gedanken ärgerlich nach einem Grund für dieses Mißgeschick suchte. Nicht so sehr nach einem Grund für den Mord als nach der Möglichkeit, die Schuld einer ihrer Helferinnen zuzuschieben, die vielleicht hätte wissen müssen, daß es zu so etwas kommen *konnte*.

„Monsieur Poirot", sagte Mrs. Drake mit ihrer schönen, klingenden Stimme, die, dachte Poirot, sich im Gemeindesaal des Ortes gut machen mußte. „Ich bin so froh, daß Sie hier sind. Mrs. Oliver hat mir gesagt, wie unschätzbar Ihre Hilfe in dieser Krise sein wird."

„Ich darf Ihnen versichern, Madame, daß ich alles tun werde, was in meinen Kräften steht, aber als lebenserfahrene Frau wissen Sie sicher, daß wir vor einem schwierigen Problem stehen."

„Schwierig?" sagte Mrs. Drake. „Natürlich ist es schwierig. Man kann kaum glauben, wirklich *kaum glauben*, daß etwas so Entsetzliches passieren kann. Ich nehme aber an", setzte sie hinzu, „daß die Polizei vielleicht schon etwas weiß. Inspektor Raglan hat hier einen guten Ruf. Ob es besser wäre, Scotland Yard einzuschalten, weiß ich nicht. Man scheint der Meinung zu sein, daß der Tod dieses armen Kindes nur von lokaler Bedeutung ist. Ihnen brauche ich ja nicht zu sagen, Monsieur Poirot, wie sehr im ganzen Land diese traurigen Verbrechen an Kindern zugenommen haben. Es scheint immer mehr Psychopathen zu geben, obgleich ich auch wieder sagen muß, daß Kinder heutzutage nicht mehr so gut beaufsichtigt werden wie früher. Die Kinder werden an dunklen Abenden allein aus der Schule nach Hause geschickt oder gehen am frühen Morgen, wenn es noch dunkel ist, in die Schule. Und Kinder sind nun einmal leicht beeindruckbar, wenn ihnen jemand anbietet, sie in einem schicken Auto mitzunehmen – da kann man sie vorher noch so gewarnt haben. Dagegen kann man nichts machen."

„Aber das, was hier passiert ist, Madame, war etwas völlig anderes."

„O ja, ich weiß. Darum habe ich gesagt, es ist kaum zu

glauben. Ich kann es auch jetzt noch nicht ganz glauben", sagte Mrs. Drake. „Alles lief wunderbar. Alles war genau geplant und wickelte sich auch planmäßig ab. Ich persönlich bin der Überzeugung, daß es sich um einen Täter von außen handelt. Irgend jemand ist ins Haus eingedrungen – was nach Lage der Dinge nicht schwierig war –, irgendein Geistesgestörter wahrscheinlich, jemand, der aus der Nervenheilanstalt nur deshalb entlassen worden ist, weil man sein Bett brauchte. Durchs Fenster konnte man ohne weiteres sehen, daß hier ein Kinderfest war, und dieser arme Kerl – wenn man für diese Leute wirklich so etwas wie Mitleid empfinden kann, was mir, das muß ich gestehen, manchmal ziemlich schwerfällt – hat das Kind irgendwie weggelockt und umgebracht. Man kann sich nicht vorstellen, daß so etwas passiert, aber es *ist* passiert."

„Vielleicht können Sie mir jetzt zeigen, wo –"

„Selbstverständlich."

Mrs. Drake erhob sich. „Die Polizei scheint der Ansicht zu sein, daß es während des Feuerdrachens geschah. Das hat sich hier abgespielt, im Eßzimmer."

Sie ging durch die Diele, öffnete die Tür und zeigte auf den Eßtisch und die schweren Samtvorhänge.

„Es war natürlich dunkel, bis auf die brennende Schüssel. Und jetzt –"

Sie führte sie durch die Diele und öffnete die Tür eines kleinen Zimmers mit Sesseln, Jagdszenen und Bücherregalen an den Wänden.

„Die Bibliothek", sagte Mrs. Drake mit leichtem Schauder. „Der Eimer stand hier. Auf einer Plastikunterlage. Zu sehen ist jetzt nichts mehr. Ich meine, ich kann Ihnen nur zeigen, *wo* – darum hatten Sie ja gebeten."

„Ich nehme an", sagte Poirot, „daß Wasser da war – sogar eine ganze Menge."

„Im Eimer war natürlich Wasser", sagte Mrs. Drake.

Sie sah Poirot an, als glaubte sie, er sei nicht ganz bei Trost.

„Und auf der Unterlage war auch Wasser. Ich meine, als der Kopf ins Wasser gedrückt wurde, muß eine Menge übergeschwappt sein.“

„O ja. Sogar beim Apfelschnappen mußte der Eimer ein- oder zweimal nachgefüllt werden.“

„Und der Täter? Er müßte eigentlich auch naß geworden sein, sollte man annehmen.“

„Ja, ja, wahrscheinlich.“

„In der Hinsicht ist nichts aufgefallen?“

„Nein, nein, der Inspektor hat mich schon danach gefragt. Sehen Sie, gegen Ende waren alle ein bißchen unordentlich oder feucht oder mehlig. In der Hinsicht scheint nicht viel zu holen zu sein. Ich meine, nach Ansicht der Polizei.“

„Nein“, sagte Poirot. „Der einzige Anhaltspunkt ist das Kind selbst. Ich hoffe, daß Sie mir alles erzählen, was Sie von ihr wissen.“

„Von Joyce?“

Mrs. Drake sah etwas verblüfft aus. Es war, als wenn Joyce ihren Gedanken inzwischen so ferngerückt wäre, daß es sie überraschte, an sie erinnert zu werden.

„Das Opfer ist immer wichtig“, sagte Poirot. „Das Opfer nämlich ist sehr oft die *Ursache* des Verbrechens.“

„Ach so, ja, ich verstehe“, sagte Mrs. Drake, die deutlich nicht im geringsten verstand. „Wollen wir wieder ins Wohnzimmer gehen?“

„Und dann erzählen Sie mir alles über Joyce“, sagte Poirot.

Sie ließen sich wieder im Wohnzimmer nieder. Mrs. Drake sah betreten aus.

„Ich weiß nicht recht, was Sie von mir erwarten, Monsieur Poirot“, sagte sie. „Wahrscheinlich können Sie sich doch am einfachsten bei der Polizei informieren oder bei

Joyces Mutter. Die arme Frau, es wird sicher sehr schmerzlich für sie sein, aber –"

„Aber was ich brauche", sagte Poirot, „ist nicht die Meinung einer Mutter über ihre tote Tochter, sondern ein klares, unvoreingenommenes Urteil von jemandem mit Menschenkenntnis. Ich würde meinen, Madame, daß Sie selbst schon bei vielen sozialen Vorhaben aktiv mitgewirkt haben. Ich bin sicher, daß niemand besser den Charakter einer Person erfassen kann als Sie."

„Es ist ein bißchen schwierig. Kinder in dem Alter – sie war dreizehn, glaube ich, zwölf oder dreizehn – sind sich alle ein bißchen ähnlich."

„Aber nicht im geringsten", sagte Poirot. „Es gibt da große Unterschiede im Charakter. Mochten Sie sie?"

Mrs. Drake schien diese Frage peinlich zu sein.

„Ja, natürlich, ich – ich mochte sie schon. Das heißt, na ja, ich mag eigentlich alle Kinder."

„Ich finde manche Kinder äußerst unattraktiv."

„Nun ja, da mögen Sie recht haben, heutzutage werden sie nicht besonders gut erzogen. Man überläßt alles der Schule, und sie dürfen grundsätzlich alles. Dürfen sich ihre Freunde selbst aussuchen und –"

„War sie ein nettes Kind oder nicht?" fragte Poirot hartnäckig. Mrs. Drake sah ihn tadelnd an.

„Bitte, Monsieur Poirot, das arme Kind ist *tot*."

„Tot oder nicht, es ist trotzdem wichtig. Wenn sie nett war, hätte vielleicht niemand den Gedanken gehabt, sie umzubringen, aber wenn sie nicht nett war, wollte sie vielleicht deshalb jemand umbringen –"

„Ja, vielleicht – aber es kann doch nicht eine Frage der Nettigkeit sein?"

„Vielleicht doch. Außerdem hat sie, wenn ich recht verstanden habe, behauptet, Zeugin eines Mordes gewesen zu sein."

„Ach, *das*“, sagte Mrs. Drake verachtungsvoll.

„Sie haben diese Behauptung nicht ernst genommen?“

„Natürlich nicht. Albern, so etwas zu sagen.“

„Warum hat sie es behauptet?“

„Die Kinder waren wohl alle sehr aufgeregt, weil Mrs. Oliver hier war. Sie müssen bedenken, Sie sind sehr berühmt“, sagte Mrs. Drake, zu Mrs. Oliver gewandt. „Ich glaube nicht, daß es sonst zu diesem Thema gekommen wäre –“

„Und da sagte Joyce, daß sie einen Mord gesehen hat“, sagte Poirot nachdenklich.

„Ja, irgendwas in der Art hat sie gesagt. Ich habe nicht richtig zugehört.“

„Aber Sie erinnern sich, daß sie es gesagt hat?“

„O ja. Aber geglaubt habe ich es nicht“, sagte Mrs. Drake. „Ihre Schwester ist ihr auch gleich über den Mund gefahren, was ich sehr richtig fand.“

„Und darüber war Joyce sehr böse, nicht wahr?“

„Ja, und sie sagte immer weiter, daß es stimmte.“

„Sie gab also damit an.“

„Wenn Sie's so ausdrücken wollen, ja.“

„Aber es *kann* doch vielleicht wahr gewesen sein, oder?“ fragte Poirot.

„Unsinn, das glaube ich keinen Augenblick“, sagte Mrs. Drake. „So dummes Zeug ist typisch für Joyce.“

„War sie dumm?“

„Gott ja, sie war ein Kind, das sich gern in den Vordergrund spielte“, sagte Mrs. Drake. „Sie kennen das sicher, sie wollte eben immer mehr gesehen und mehr getan haben als andere Mädchen.“

„Kein sehr liebenswertes Wesen“, sagte Poirot.

„Weiß Gott nicht“, sagte Mrs. Drake. „Im Grund muß man solchen Kindern die ganze Zeit immer den Mund verbieten.“

„Was haben denn die anderen Kinder, die dabei waren, dazu gesagt? Hat es sie beeindruckt?"

„Sie haben sie ausgelacht", sagte Mrs. Drake. „Und das machte sie natürlich noch unausstehlicher."

„Sehr schön", sagte Poirot und erhob sich. „Es freut mich, daß dieser Punkt von Ihnen bestätigt worden ist." Er beugte sich galant über ihre Hand. „Auf Wiedersehen, Madame, und ich danke Ihnen, daß Sie mir den Ort dieses so unerfreulichen Ereignisses gezeigt haben. Ich hoffe, es hat nicht zu unangenehme Erinnerungen in Ihnen wachgerufen."

„Natürlich", sagte Mrs. Drake, „ist es schmerzlich, sich an so etwas zu erinnern. Ich hatte so gehofft, daß unsere kleine Gesellschaft gutgehen würde. Und im Grunde *ist* sie auch gutgegangen, und allen schien es solchen Spaß zu machen, bis diese schreckliche Geschichte passierte. Man kann nur versuchen, das alles zu vergessen. Es ist natürlich sehr mißlich, daß Joyce ausgerechnet diese dumme Bemerkung über den Mord machen mußte."

„Hat es hier in Woodleigh Common schon mal einen Mord gegeben?"

„Nicht, daß ich wüßte", sagte Mrs. Drake mit Nachdruck.

„In der heutigen Zeit der anwachsenden Kriminalität", sagte Poirot, „scheint das etwas ungewöhnlich, finden Sie nicht?"

„Nun ja, ich glaube, ein Lkw-Fahrer hat mal einen Freund umgebracht – etwas in dieser Art –, und ein kleines Mädchen haben sie mal in einer Kiesgrube etwa fünfundzwanzig Kilometer von hier gefunden, aber das ist schon Jahre her. Beides waren ziemlich banale Verbrechen. Hauptsächlich wohl auf Alkohol zurückzuführen."

„Also Morde, die ihrer Art nach kaum von einem zwölf- oder dreizehnjährigen Mädchen beobachtet worden sein konnten."

„Das ist ganz unwahrscheinlich, würde ich denken. Und ich kann Ihnen versichern, Monsieur Poirot, daß das Mädchen diese Behauptung nur aufgestellt hat, um seine Freundinnen zu beeindrucken und vielleicht das Interesse einer berühmten Persönlichkeit zu erregen." Sie warf Mrs. Oliver einen ziemlich kalten Blick zu.

„Also", sagte Mrs. Oliver, „bin *ich* an allem schuld, weil ich bei der Kindergesellschaft dabei war, ja?"

„Oh, natürlich nicht, meine Beste, so habe ich es nicht gemeint."

Poirot seufzte, als er mit Mrs. Oliver das Haus verließ.

„Ein für einen Mord ganz ungeeignetes Haus", sagte er, als sie den Weg zum Gartentor hinuntergingen. „Keine Atmosphäre, keine tragische Ausstrahlung, keine Persönlichkeit, von der man sagen könnte, daß sie einen Mord herausfordert – obwohl ich nicht umhinkann zu glauben, daß man gelegentlich Lust hätte, Mrs. Drake umzubringen."

„Ich weiß, was Sie meinen. Manchmal kann sie einem wahnsinnig auf die Nerven gehen. So selbstzufrieden und von sich eingenommen."

„Wie ist ihr Mann?"

„Sie ist verwitwet. Ihr Mann ist vor ein oder zwei Jahren gestorben. Er hatte Kinderlähmung und war seit Jahren verkrüppelt. Er war früher Bankier. Ein großer Sportler, und es war schrecklich für ihn, das alles aufzugeben."

„Sehr verständlich." Er kehrte zum Thema Joyce zurück. „Sagen Sie, hat einer der Anwesenden Joyces Behauptung von dem Mord ernst genommen?"

„Ich weiß es nicht. Ich nehme es eigentlich nicht an."

„Die anderen Kinder zum Beispiel."

„Ja, an die dachte ich gerade dabei. Nein, ich glaube nicht, daß sie Joyce geglaubt haben. Sie haben gedacht, Joyce denkt sich das aus."

„Haben Sie das auch gedacht?"

„Im Grunde ja", sagte Mrs. Oliver. „Natürlich", fügte sie hinzu, „Mrs. Drake würde sich am liebsten einreden, daß Joyce überhaupt nicht ermordet worden ist, aber das würde doch ein bißchen zu weit führen, nicht?"

„Ich begreife, daß das alles sehr unangenehm für sie ist."

„Wahrscheinlich haben Sie recht", sagte Mrs. Oliver. „Aber ich glaube, inzwischen fängt es ihr langsam an, Spaß zu machen, wenn sie darüber spricht. Ich glaube, sie mag gar nicht immer nur darüber schweigen."

„Mögen Sie sie?" fragte Poirot. „Finden Sie sie nett?"

„Sie stellen wirklich schwierige Fragen. Offensichtlich interessiert Sie bloß, ob die Leute nett sind oder nicht. Rowena Drake ist der herrschsüchtige Typ – es macht ihr Spaß zu bestimmen. Hier im Ort ist sie diejenige, die mehr oder weniger alles zu sagen hat. Aber sie ist sehr tüchtig. Es kommt darauf an, ob man herrschsüchtige Frauen mag. Ich mag sie nicht sehr –"

„Wie ist denn Joyces Mutter?"

„Sie ist eine sehr nette Frau. Ein bißchen dumm, würde ich sagen. Sie tut mir schrecklich leid. Scheußlich, wenn man die Tochter durch Mord verliert. Und alle denken, es war ein Sexualmord, was die Sache noch schlimmer macht."

„Aber es gab doch keinen Hinweis auf eine Vergewaltigung."

„Nein, aber Sie wissen ja, wie die Leute sind."

„Man glaubt, daß man das weiß – aber manchmal –, nun ja, da weiß man es eben doch nicht."

„Wäre es nicht besser, wenn meine Freundin Judith Butler mit Ihnen zu Mrs. Reynolds ginge? Sie kennt sie sehr gut, und ich bin ihr völlig fremd."

„Wir wollen an unserem Plan festhalten."

„Das Computerprogramm muß abrollen", murmelte Mrs. Oliver rebellisch.

7

Mrs. Reynolds war der vollkommene Gegensatz von Mrs. Drake. Sie strahlte keine Tüchtigkeit aus und würde es wohl auch nie tun.

Sie war konventionell in Schwarz gekleidet, in der Hand hielt sie ein feuchtes Taschentuch und war offensichtlich bereit, jederzeit in Tränen auszubrechen.

„Es ist wirklich sehr nett von Ihnen", sagte sie zu Mrs. Oliver, „daß Sie einen Freund hergebracht haben, um uns zu helfen." Sie gab Poirot eine feuchte Hand und sah ihn skeptisch an. „Und wenn er irgendwie helfen *kann*, werde ich ihm sehr dankbar sein, obgleich ich nicht recht weiß, was man da noch tun soll. Nichts kann sie wieder zurückbringen, armes Kind. Es ist so schrecklich, daran zu denken. Wenn sie doch nur geschrien hätte – aber ich nehme an, er hat ihren Kopf sofort ... Oh, ich kann es nicht ertragen, daran zu denken."

„Madame, ich will Sie wirklich nicht quälen. Ich möchte Ihnen nur ein paar Fragen stellen, die mir vielleicht helfen, den Mörder Ihrer Tochter zu finden. Sie selbst haben wahrscheinlich keine Ahnung, wer es gewesen sein kann?"

„Wie sollte ich? Ich wäre nie auf den Gedanken gekommen, daß es so jemanden geben könnte – jemanden, der hier wohnt, meine ich. Es ist so ein netter Ort. Und die Leute, die hier wohnen, sind alle so nett. Es war wahrscheinlich irgend jemand – irgendein Kerl, der durchs Fenster eingestiegen ist. Vielleicht hatte er Rauschgift genommen oder so was. Er hat das Licht gesehen und daß es ein Kinderfest war und ist einfach eingedrungen."

„Sie sind ganz sicher, daß der Mörder ein Mann war?"

„Oh, es muß einer gewesen sein." Mrs. Reynolds klang

schockiert. „Ich bin überzeugt, es war einer. Eine *Frau* konnte es doch nicht gewesen sein, nicht?“

„Die Kraft einer Frau hätte ausgereicht.“

„Ach so, ja, ich glaube, ich weiß, was Sie meinen. Aber so etwas könnte eine Frau nicht tun, sicher nicht. Joyce war doch noch ein Kind – dreizehn Jahre.“

„Ich möchte Sie nicht quälen, und ich möchte Sie nicht aufregen. Es geht nur um eine Bemerkung, die Ihre Tochter bei der Kindergesellschaft gemacht hat. Sie selbst waren nicht dabei, glaube ich?“

„Nein. In letzter Zeit geht's mir nicht gut, und Kinderfeste können sehr anstrengend sein. Ich habe sie hingefahren und bin später wiedergekommen, um sie abzuholen. Meine drei Kinder sind zusammen hingegangen. Ann, das ist die ältere, sie ist sechzehn, und Leopold, er ist fast elf. Was war das für eine Bemerkung, die Joyce gemacht hat?“

„Ich glaube, sie hat gesagt, daß sie einmal Zeugin eines Mordes geworden ist.“

„Joyce? Das *kann* sie nicht gesagt haben. Was für ein Mord soll das denn gewesen sein?“

„Nun ja, alle scheinen das auch für sehr unwahrscheinlich zu halten. Ich wollte nur wissen, ob *Sie* es für möglich halten. Hat sie Ihnen gegenüber jemals davon gesprochen?“

„Daß sie einen *Mord* gesehen hat? Joyce?“

„Sie müssen bedenken“, sagte Poirot, „daß das Wort ‚Mord‘ von Kindern in Joyces Alter vielleicht in einem etwas unpräzisen Sinn gebraucht wird. Es kann sich zum Beispiel darum gehandelt haben, daß jemand von einem Auto überfahren worden ist oder Kinder sich geschlagen haben und eins das andere vielleicht von einer Brücke in den Fluß gestoßen hat. Etwas Unbeabsichtigtes, das einen unglücklichen Ausgang genommen hat.“

„Ich kann mich nicht erinnern, daß hier etwas in dieser Art passiert wäre, so daß Joyce es hätte sehen können. Und ganz gewiß hat sie nie etwas zu mir gesagt. Sie muß einen Witz gemacht haben."

„Sie war aber sehr entschieden", sagte Mrs. Oliver. „Sie sagte immer wieder, daß es stimmte und daß sie es wirklich gesehen habe."

„Hat ihr jemand geglaubt?" fragte Mrs. Reynolds.

„Das weiß ich nicht", sagte Poirot.

„Ich glaube nicht", sagte Mrs. Oliver, „oder vielleicht wollte auch niemand sagen, daß er ihr glaubte, um sie nicht zu ermutigen."

„Sie lachten sie aus", sagte Poirot, weniger rücksichtsvoll als Mrs. Oliver.

„Das war nicht sehr nett von ihnen", sagte Mrs. Reynolds. „Als wenn Joyce bei so etwas lügen würde." Ihr Gesicht war gerötet, und sie sah zornig aus.

„Ich weiß. Es scheint unwahrscheinlich", sagte Poirot. „Eher war schon möglich, daß sie sich geirrt hatte, nicht wahr? Daß sie etwas gesehen hat, wovon sie *dachte*, man könnte es als Mord bezeichnen. Irgendeinen Unfall vielleicht."

„Wenn überhaupt, hätte sie doch wohl mir etwas davon gesagt, nicht wahr?" sagte Mrs. Reynolds, immer noch zorngerötet.

„Das sollte man annehmen", sagte Poirot. „Sie hat nicht irgendwann in der Vergangenheit etwas gesagt? Sie können es vergessen haben. Zumal, wenn es nicht wirklich wichtig war."

„Wann soll denn das gewesen sein?"

„Das wissen wir nicht", sagte Poirot. „Das ist eine der Schwierigkeiten. Es kann drei Wochen her sein – oder drei Jahre. Sie hat gesagt, sie sei ‚noch ziemlich klein' gewesen. Was sieht eine Dreizehnjährige als ‚ziemlich klein' an? Sie erinnern sich an keine sensationellen Ereignisse hier in dieser Gegend?"

„Nein, ich glaube nicht. Ich meine, man hört zwar Sachen oder liest sie in der Zeitung. Sie wissen, was ich meine, Überfälle auf Frauen oder auf ein Mädchen mit ihrem Freund und so etwas. Aber ich kann mich an nichts Besonderes erinnern, nichts, an dem Joyce Interesse genommen hätte."

„Aber wenn Joyce ganz eindeutig gesagt hat, daß sie einen Mord mit angesehen hat, würden Sie dann meinen, daß sie selbst davon überzeugt war?"

„Sie würde das doch nicht sagen, wenn sie nicht überzeugt davon wäre, oder?" sagte Mrs. Reynolds. „Ich glaube, sie muß irgendwas verwechselt haben."

„Möglich. Ob ich wohl mit Ihren beiden Kindern sprechen kann, die auch bei der Gesellschaft waren?"

„Ja bitte, natürlich, obwohl ich nicht weiß, was sie Ihnen erzählen sollten. Ann macht oben Schularbeiten, und Leopold ist im Garten und setzt ein Modellflugzeug zusammen."

Leopold war ein kräftiger, pausbäckiger Junge und offenbar völlig mit seinem Flugzeug beschäftigt. Es dauerte eine Weile, bis er seine Aufmerksamkeit den Fragen, die ihm gestellt wurden, zuwandte.

„Du warst doch dabei, nicht wahr, Leopold? Du hast gehört, was deine Schwester gesagt hat. Was hat sie denn gesagt?"

„Ach, Sie meinen über den Mord?" Es klang gelangweilt.

„Ja, genau das meine ich", antwortete Poirot. „Sie hat gesagt, daß sie einmal einen Mord gesehen hat. Hat sie so etwas wirklich gesehen?"

„Nein, natürlich nicht", sagte Leopold. „Wer sollte denn da ermordet worden sein? Typisch Joyce."

„Wie meinst du das, typisch?"

„Angeberei", sagte Leopold und bog, vor Konzentration laut schnaufend, ein Stück Draht rund. „Sie war wahnsinnig blöd", fügte er hinzu. „Sie sagte das blödeste Zeug, bloß damit die Leute sie beachteten."

„Du glaubst, daß sie alles erfunden hat?"

Leopold ließ seinen Blick zu Mrs. Oliver wandern.

„Ich nehme an, sie wollte auf *Sie* Eindruck machen", sagte er. „Sie schreiben Kriminalromane, nicht? Ich glaube, sie gab nur an, damit Sie mehr auf sie achten sollten als auf die anderen Mädchen."

„Das war typisch für sie, nicht wahr?" sagte Poirot.

„O ja, die hätte sonstwas gesagt", sagte Leopold. „Aber trotzdem hat ihr bestimmt niemand geglaubt."

Sehr viel mehr schien man aus Leopold nicht herausfragen zu können. So gingen sie nach oben, wo Ann, die älter aussah als sechzehn, über einen Tisch voller Bücher gebeugt saß.

„Ja, ich war bei dem Kinderfest", sagte sie.

„Und Sie haben gehört, wie Ihre Schwester etwas über einen Mord, den sie gesehen haben will, erzählt hat?"

„O ja, aber ich hab' nicht weiter drauf geachtet."

„Sie haben nicht angenommen, daß es stimmte?"

„Natürlich stimmte es nicht. Hier hat es seit Ewigkeiten keinen Mord gegeben."

„Warum, glauben Sie, hat sie es dann gesagt?"

„Oh, sie gibt gern an. Ich meine, sie gab gern an. Einmal hat sie eine herrliche Geschichte erzählt über ihre Reise nach Indien. Mein Onkel hatte eine Schiffsreise dorthin gemacht, und sie tat so, als wenn sie dabeigewesen wäre. Viele Mädchen in der Schule *glaubten* ihr auch wirklich."

„Sie erinnern sich also nicht, daß in den letzten paar Jahren hier jemand ermordet wurde?"

„Nein, jedenfalls nicht hier. Ich entsinne mich nur an das Übliche, was man in der Zeitung so liest, und das ist meist in Medchester passiert, nie in Woodleigh Common."

„Wer hat *Ihrer* Meinung nach Ihre Schwester ermordet,

Ann? Sie müssen doch ihre Freunde gekannt haben und wissen, wer sie nicht leiden konnte."

„Ich kann mir nicht vorstellen, wer sie umbringen wollte. Ich nehme an, es war jemand mit einem leichten Dachschaden. Jemand anders kommt doch gar nicht in Frage."

„Es gab niemanden, der Streit mit ihr hatte oder sich nicht mit ihr vertrug?"

„Sie meinen, ob sie einen Feind hatte? Das ist doch blöd. Man hat keine Feinde. Es gibt nur Leute, die man nicht mag."

Als sie das Zimmer verließen, sagte Ann:

„Ich will nichts Häßliches über Joyce reden, denn sie ist tot, aber sie war wirklich furchtbar verlogen. Es tut mir leid, daß ich etwas Schlechtes über meine Schwester sage, aber es stimmt."

„Machen wir eigentlich Fortschritte?" fragte Mrs. Oliver, als sie das Haus verließen.

„Nicht die geringsten", erklärte Hercule Poirot. „Und das ist sehr interessant."

Mrs. Oliver sah aus, als sei sie nicht seiner Meinung.

8

In „Haus Pinienhügel" schlug die Uhr sechs. Hercule Poirot steckte ein Stück Wurst in den Mund und spülte es mit einem Schluck Tee hinunter. Der Tee war stark und für Poirot ganz besonders ungenießbar. Die Wurst dagegen war köstlich. Er warf einen anerkennenden Blick über den Tisch zu Mrs. McKay, die die große braune Teekanne gerade abstellte.

Elspeth McKay war ihrem Bruder, Superintendent Spence, so unähnlich, wie man nur sein konnte. Ihr scharfes, schmales Gesicht sah mit kluger Skepsis in die Welt.

Sie war dünn wie ein Bindfaden, und doch gab es gewisse Ähnlichkeiten zwischen ihnen. Hauptsächlich die Augen und den markanten Unterkiefer. Auf beide, dachte Poirot, war, was Urteil und Vernunft betraf, Verlaß. Der Superintendent sprach langsam und sorgfältig, nachdem er darüber nachgedacht und gut überlegt hatte. Mrs. McKay packte gleich zu, schnell und scharf.

„Es hängt sehr viel von dem Charakter des Kindes ab", sagte Poirot. „Joyce Reynolds. Das macht mir das meiste Kopfzerbrechen." Er sah Spence fragend an.

„Ich kann Ihnen da nichts sagen", antwortete Spence. „Ich wohne hier noch nicht lange genug. Fragen Sie lieber Elspeth." Poirot sah mit fragend erhobenen Augenbrauen über den Tisch. Mrs. McKay war, wie immer, sofort mit ihrer Antwort da.

„Ich finde, sie war eine richtige kleine Schwindlerin", sagte sie.

„Kein Mädchen, dem man glauben konnte?"

Elspeth schüttelte den Kopf mit Entschiedenheit.

„Nein, wirklich nicht. Erzählte tolle Geschichten, aber sie erzählte sie gut, das muß man sagen. Aber ich hätte ihr nie geglaubt."

„Und sie erzählte diese Geschichten nur, um beachtet zu werden?"

„Ja, richtig. Sie spielte sich gern in den Vordergrund. Höchstwahrscheinlich hat sie gelogen. Aber ich will fair sein. Sie *kann* die Wahrheit gesagt haben. Sie *kann* etwas gesehen haben. Vielleicht nicht das, was sie behauptet hat, aber *etwas*."

„Und als Folge davon ist sie umgebracht worden", sagte Superintendent Spence. „Das darfst du nicht vergessen, Elspeth, sie ist ermordet worden."

„Stimmt", sagte Mrs. McKay. „Ich sage ja, vielleicht tu' ich ihr unrecht. Das täte mir leid. Aber frage alle, die sie gekannt haben, und sie werden dir sagen, daß Lügen für sie etwas ganz Natürliches war. Bedenke, sie war bei einem Kinderfest und war aufgeregt. Sie wollte Eindruck machen."

„Wer könnte denn das gewesen sein, der da vor ihren Augen ermordet worden ist?" fragte Poirot.

„Niemand", sagte Mrs. McKay mit Nachdruck.

„Aber es muß doch hier, sagen wir mal, während der letzten drei Jahre Todesfälle gegeben haben."

„Oh, natürlich", sagte Spence. „Das Übliche – alte Leute oder Kranke, was man so erwartet – oder vielleicht auch ein Unfall mit Fahrerflucht –"

„Keine ungewöhnlichen oder unerwarteten Todesfälle?"

„Tja –", Elspeth zögerte. „Ich meine –"

Spence ergriff das Wort.

„Ich habe hier ein paar Namen notiert." Er schob den Zettel über den Tisch Poirot zu. „Ich wollte Ihnen die Mühe ersparen und habe ein bißchen rumgefragt."

„Sind das mögliche Opfer?"

„So weit würde ich nicht gehen."

Poirot las die Namen laut vor.

„Mrs. Levin-Smith. Charlotte Benfield. Janet White. Lesley Ferrier –" Er brach ab, sah auf und wiederholte den ersten Namen. Mrs. Levin-Smith.

„Möglich. Ja, könnte vielleicht sein", sagte Mrs. McKay und fügte ein Wort hinzu, das wie „Oper" klang. „Eines Abends ging sie weg, einfach weg, und man hat nie mehr was von ihr gehört."

„Mrs. Levin-Smith?" fragte Poirot verwirrt.

„Nein, nein. Das Oper-Mädchen. Sie hätte ohne weiteres etwas in die Medizin tun können. Und sie hat doch das ganze Geld geerbt, nicht? Oder sie dachte das jedenfalls damals. Und nie mehr hat man etwas von ihr gehört. Diese Ausländerinnen sind doch alle gleich."

Plötzlich ging Poirot die Bedeutung von „Oper“ auf.

„Ein *Au-pair*-Mädchen!“ sagte er.

„Richtig. Sie wohnte bei der alten Dame, und ein, zwei Wochen, nachdem die alte Dame gestorben war, verschwand das Mädchen einfach.“

„Mit irgendeinem Mann, würde ich denken“, sagte Spence.

„Wenn das stimmt, dann wußte jedenfalls niemand davon“, sagte Elspeth. „Und im allgemeinen wird hier viel geredet. Eigentlich weiß jeder immer, wer gerade mit wem geht.“

„Ist jemand auf den Gedanken gekommen, es könnte mit dem Tod von Mrs. Levin-Smith nicht ganz seine Richtigkeit haben?“ fragte Poirot.

„Nein. Sie war herzkrank und ständig in ärztlicher Behandlung.“

„Aber Sie haben ihren Namen an die Spitze dieser Liste gesetzt, mein Freund?“

„Nun ja, sie war eine sehr reiche Frau. Ihr Tod war nicht unerwartet, aber plötzlich. Ich könnte mir denken, daß Dr. Ferguson überrascht war, wenn auch nur ein wenig. Ich glaube, er hatte erwartet, daß sie noch länger lebt. Sie gehörte nicht zu den Leuten, welche die Anordnungen des Arztes befolgen. Ihr war gesagt worden, sie solle sich nicht überanstrengen, aber sie tat natürlich, was sie wollte. Sie war eine passionierte Gärtnerin, und das ist für Herzkranke ja nicht das beste.“

Elspeth McKay fuhr fort.

„Als sie krank wurde, ist sie hierhergezogen. Vorher lebte sie im Ausland. Sie kam her, um in der Nähe von ihrem Neffen und ihrer Nichte, Mr. und Mrs. Drake, zu sein, und kaufte das Haus am Steinbruch. Das ist eine viktorianische Villa, zu der ein alter Steinbruch gehört. Der hatte es ihr vor allem angetan, und sie hat Tausende ausgegeben, um den

Steinbruch in einen hängenden Garten, oder wie man das nennt, zu verwandeln. Sie ließ sich dazu einen Gartenarchitekten von Wisley kommen. Und der Garten ist wirklich sehenswert."

„Ich werde ihn mir ansehen", sagte Poirot. „Wer weiß – vielleicht bringt er mich auf Ideen."

„Ja, ich würde an Ihrer Stelle auch hingehen. Er ist wirklich ein Erlebnis."

„Und sie war reich?" fragte Poirot.

„Sie war die Witwe eines Reeders. Geld wie Heu."

„Ihr Tod kam nicht unerwartet, weil sie diesen Herzfehler hatte, aber er kam wirklich plötzlich", sagte Spence. „Aber niemand hat daran gezweifelt, daß er natürliche Ursachen hatte. Herzversagen."

„Eine gerichtliche Untersuchung wurde nie in Erwägung gezogen?"

Spence schüttelte den Kopf.

„Das ist natürlich schon öfter passiert", sagte Poirot. „Einer alten Dame wird gesagt, sie soll vorsichtig sein, nicht zu schnell Treppen steigen, nicht zu intensiv im Garten arbeiten und so weiter. Aber wenn sie eine energische Frau ist, die ihr ganzes Leben lang begeistert im Garten gearbeitet und überhaupt immer getan hat, was sie wollte, dann zollt sie diesen ärztlichen Empfehlungen nicht immer den nötigen Respekt."

„Sehr richtig. Mrs. Levin-Smith hat aus dem Steinbruch wirklich etwas Wunderbares gemacht – das heißt, eigentlich hat das der Gartenarchitekt getan. Drei oder vier Jahre haben beide daran gearbeitet. Man muß es gesehen haben, um es zu glauben."

„Hier haben wir also einen natürlichen Tod", sagte Poirot, „der auch vom Arzt als solcher bescheinigt worden ist. Ist das derselbe Arzt, der auch jetzt hier am Ort ist? Und den ich bald kennenlernen werde?"

„Dr. Ferguson – ja. Er ist etwa sechzig, ein guter Arzt und sehr beliebt hier."

„Aber Sie meinen trotzdem, daß ihr Tod ein Mord gewesen sein *kann*? Noch aus anderen Gründen als denen, die Sie mir eben aufgezählt haben?"

„Das Mädchen, zum Beispiel", sagte Elspeth.

„Warum?"

„Na ja, sie muß das Testament gefälscht haben. Wenn sie's nicht war, wer soll es dann getan haben?"

„Sie haben mir noch mehr zu erzählen", sagte Poirot. „Was hat es mit diesem gefälschten Testament auf sich?"

„Bei der Testamentseröffnung gab es Schwierigkeiten."

„War es ein neues Testament?"

„Es war ein Kodizill, ein Zusatz."

„Sie hatte schon vorher verschiedene Testamente gemacht", erklärte Spence. „Alle mehr oder weniger gleich. Legate für Wohltätigkeitsverbände, alte Dienstboten, aber der Hauptteil des Vermögens ging immer an ihren Neffen und seine Frau, die ihre nächsten Verwandten waren."

„Und dieses Kodizill?"

„In dem hat sie alles dem Mädchen vermacht", sagte Elspeth. *„Als Dank für hingebungsvolle Pflege* – oder so ähnlich."

„Erzählen Sie mir doch mehr über das Mädchen."

„Sie stammte aus irgendeinem mitteleuropäischen Land mit einem langen Namen."

„Wie lange war sie bei der alten Dame?"

„Ein gutes Jahr."

„Sie sprechen immer von der alten Dame. Wie alt war sie denn?"

„Mitte Sechzig. Fünfundsechzig oder sechsundsechzig vielleicht."

„Das ist nicht sehr alt", sagte Poirot mit tiefer Überzeugung.

„Nach dem, was man so gehört hat, hat sie mehrere Testamente gemacht“, sagte Elspeth. „Und wie Bert gesagt hat, stand in allen ziemlich dasselbe. Aber der Hauptanteil ging immer an ihren Neffen und seine Frau. Den Bungalow, den sie gebaut hatte, hat sie dem Gartenarchitekten hinterlassen. Er darf dort wohnen, solange er will, und er bekommt eine Art Gehalt, dafür muß er den Garten in Ordnung halten, der jetzt eine Art öffentlicher Park ist.“

„Ich nehme an, daraufhin hat die Familie behauptet, daß sie geistesgestört war und unter unerlaubtem Einfluß stand?“

„Wahrscheinlich wäre es dazu gekommen“, sagte Spence. „Aber die Rechtsanwälte kamen der Fälschung sofort auf die Spur. Offensichtlich war es keine sehr gute Fälschung. Sie fiel ihnen sofort auf.“

„Und dann stellte sich einiges heraus, aus dem hervorging, daß die Fälschung ohne weiteres von dem Mädchen stammen konnte“, sagte Elspeth. „Sie pflegte nämlich eine Menge Briefe für Mrs. Levin-Smith zu schreiben, und es scheint, daß Mrs. Levin-Smith etwas gegen getippte Privatbriefe hatte. Wenn es nicht um einen geschäftlichen Brief ging, sagte sie immer: ‚Schreiben Sie ihn mit der Hand, und machen Sie Ihre Schrift meiner so ähnlich wie möglich, und unterschreiben Sie mit meinem Namen.‘ Mrs. Minden, die Putzfrau, hat mal gehört, wie sie das gesagt hat, und ich nehme an, das Mädchen hat sich dran gewöhnt, die Handschrift ihrer Arbeitgeberin zu kopieren, und dann ist sie plötzlich darauf gekommen, daß sie doch auch das Testament fälschen könnte und sicher nicht erwischt werden würde. Und so ist es wohl gekommen. Aber, wie ich schon gesagt habe, die Rechtsanwälte hatten einen zu scharfen Blick und merkten es sofort.“

„Mrs. Levin-Smith’ Rechtsanwälte?“

„Ja. Fullerton, Harrison und Leadbetter. Eine sehr angesehene Anwaltsfirma in Medchester. Sie ließ immer alle Rechtssachen dort erledigen. Auf jeden Fall wurden Fachleute geholt, das Mädchen wurde ausgefragt und bekam es mit der Angst zu tun. Sie machte sich eines Tages ganz plötzlich aus dem Staub und ließ von ihren Sachen die Hälfte zurück. Man war bereits dabei, einen Prozeß gegen sie einzuleiten, aber das hat sie nicht abgewartet. Sie ist einfach abgehauen. Wahrscheinlich ist sie in ihr Heimatland zurückgegangen, oder sie hat einen anderen Namen angenommen oder ist bei Freunden untergetaucht."

„Aber trotzdem waren alle der Ansicht, daß Mrs. Levin-Smith eines natürlichen Todes gestorben war?" fragte Poirot.

„Ja, ich glaube nicht, daß da je Zweifel herrschten. Ich sage nur, es ist immerhin möglich, weil schon öfter Sachen vorgekommen sind, bei denen der Arzt keinerlei Verdacht hegte. Man kann sich doch vorstellen, daß Joyce etwas gehört oder gesehen hat, wie das Mädchen der alten Dame Medizin gab, und dann gehört hat, wie Mrs. Levin-Smith sagte: ‚Die Medizin schmeckt anders als die, die ich sonst hatte', oder: ‚Das schmeckt aber bitter', oder: ‚Das schmeckt komisch.'"

„Man könnte direkt denken, du seist selbst dabeigewesen und hättest gelauscht, Elspeth", sagte Superintendent Spence. „Das ist ja nur deine Phantasie."

„Wann ist sie gestorben?" fragte Poirot. „Am Morgen, am Abend, im Hause, draußen, bei sich zu Hause oder bei anderen Leuten?"

„Zu Hause. Eines Tages kam sie ziemlich schwer atmend vom Garten. Sie sagte, sie sei müde, und legte sich auf ihr Bett. Und, um es kurz zu sagen, sie wachte nicht mehr auf. Was alles anscheinend völlig natürlich ist – medizinisch gesprochen."

Poirot zog ein kleines Notizbuch aus der Tasche. Am

Kopf der ersten Seite stand bereits ‚Opfer'. Darunter schrieb er: ‚Nr. 1 möglich, Mrs. Levin-Smith.' Auf den nächsten Seiten notierte er die anderen Namen, die Spence ihm gegeben hatte. Dann fragte er:

„Charlotte Benfield?"

Spence antwortete prompt: „Sechzehnjähriges Lehrmädchen. Mehrere Kopfverletzungen. Wurde auf einem Fußweg in der Nähe des Waldes am Steinbruch gefunden. Zwei junge Männer wurden verdächtigt, beide waren von Zeit zu Zeit mit ihr ausgegangen. Keine Beweise."

„Sie unterstützten die Polizei bei ihren Untersuchungen?" fragte Poirot.

„Ja, so heißt es üblicherweise. Unterstützt haben sie allerdings nicht viel. Sie hatten Angst. Logen und verwikkelten sich in Widersprüche. Als wahrscheinliche Mörder waren sie nicht sehr überzeugend. Aber beide *konnten* es gewesen sein."

„Wer waren sie?"

„Peter Gordon, einundzwanzig. Arbeitslos. Hatte ein-, zweimal Arbeit gehabt, blieb aber nie dabei. Faul. Gut aussehend. Hatte einmal oder zweimal Bewährung wegen kleiner Diebstähle bekommen. Keine Vorstrafen wegen Gewalttaten. Er hatte zwar mit ein paar jungen Kriminellen Umgang, hielt sich aber immer aus ernsthaften Sachen raus."

„Und der andere?"

„Thomas Hudd. Zwanzig. Stotterte. Schüchtern. Neurotisch. Wollte Lehrer werden, aber schaffte das Examen nicht. Mutter verwitwet. Der Affenliebe-Typ. Sah Freundinnen nicht gern und hatte nichts dagegen, daß er an ihrem Schürzenzipfel klebte. Arbeitete in einem Papiergeschäft. Straftaten sind nicht bekannt, aber wahrscheinlich ist er ein psychologischer Fall. Das Mädchen hat ziemlich mit ihm rumgespielt. Als mögliches Motiv kam Eifersucht in Frage, aber es gab keinerlei Beweise, um die Sache vor den Staatsanwalt zu bringen. Beide hatten Alibis, Hudd hatte seins von seiner Mutter. Sie hätte zwar auf jeden Fall Stein und Bein geschworen, daß er den ganzen Abend zu Hause war, aber andererseits kann auch niemand sagen, daß er nicht zu Hause war oder daß er irgendwo anders oder in der Nähe der Mordstelle gesehen wurde. Gordons Alibi kam von einem seiner weniger vertrauenswürdigen Freunde. Nicht viel wert, aber brechen konnte man es auch nicht."

„Das alles passierte wann?"

„Vor anderthalb Jahren."

„Und wo?"

„Nicht weit von Woodleigh Common auf einem Feldweg."

„Einen Kilometer entfernt", sagte Elspeth.

„In der Nähe von Joyces Haus – von Reynolds' Haus?"

„Nein, auf der anderen Seite vom Dorf."

„Es ist unwahrscheinlich, daß das der Mord war, von dem Joyce erzählt hat", sagte Poirot nachdenklich. „Wenn man sieht, wie ein Mädchen von einem jungen Mann eins über den Kopf bekommt, denkt man doch wahrscheinlich sofort an Mord. Dann wartet man nicht ein Jahr, bis man plötzlich auf den Gedanken kommt."

Poirot las den nächsten Namen.

„Lesley Ferrier."

Wieder ergriff Spence das Wort. „Angestellter in einem Anwaltsbüro, achtundzwanzig, arbeitete bei Fullerton, Harrison und Leadbetter, Medchester, Market Street."

„Das waren doch die Anwälte von Mrs. Levin-Smith?"

„Ja. Genau die."

„Er ist mit einem Messerstich in den Rücken ermordet worden. Nicht weit vom ‚Grünen Schwan'. Angeblich hatte er eine Affäre mit der Frau vom Wirt, Harry Griffin. Gut aussehendes Weibsstück war sie, ist sie eigentlich immer noch, vielleicht ein bißchen angejahrt inzwischen. Fünf oder sechs Jahre älter als er, aber sie hatte es mit den jungen Männern."

„Die Waffe?"

„Das Messer ist nie gefunden worden. Es wurde auch behauptet, daß Les mit ihr Schluß gemacht und was mit einem anderen Mädchen angefangen hatte, aber wer dieses Mädchen war, ist nie aufgeklärt worden."

„Ah. Und wer stand in diesem Fall unter Verdacht? Der Wirt oder seine Frau?"

„Beide konnten's gewesen sein. Die wahrscheinlichere war die Frau. Sie war eine halbe Zigeunerin und ein temperamentvolles Weibsbild. Aber es gab auch andere Möglichkeiten. Unser Lesley hatte kein ganz untadeliges Leben geführt. Als er Anfang Zwanzig war, hatte er mal Abrechnungen gefälscht. Es hieß, er komme aus zerrütteten Familienverhältnissen. Seine damaligen Arbeitgeber traten für ihn ein. Er bekam nur eine kurze Strafe und wurde dann, als er aus dem Gefängnis kam, von Fullerton, Harrison und Leadbetter übernommen."

„Und von dann ab hatte er sich nichts mehr zuschulden kommen lassen?"

„Na ja, jedenfalls nichts Beweisbares. Was seine Arbeit betraf, schien wirklich alles in Ordnung zu sein, aber er war in einige sehr fragwürdige Sachen mit seinen Freunden verwickelt. Er war nun mal ein schwarzes Schaf, aber ein sehr vorsichtiges."

„Und die andere Möglichkeit?"

„Daß er von einem seiner weniger reputierlichen Bekannten erstochen worden ist. Wenn man sich mit so unerfreulichen Leuten einläßt, muß man mit einem Messer zwischen den Rippen rechnen, wenn man sie im Stich läßt."

„Und was noch?"

„Tja, er hatte eine ganze Menge Geld auf seinem Bankkonto. War in bar eingezahlt worden. Keinerlei Angaben, von wem es kam. Das allein war schon verdächtig."

„Vielleicht bei Fullerton, Harrison und Leadbetter geklaut?" schlug Poirot vor.

„Sie sagen nein. Sie haben einen Buchprüfer kommen und alles nachkontrollieren lassen."

„Und die Polizei hatte keine Ahnung, woher es sonst noch gekommen sein konnte?"

„Nein."

„Auch das ist nicht Joyces Mord, würde ich meinen", sagte Poirot. Er las den letzten Namen: „Janet White."

„Sie wurde erwürgt auf einem Fußweg gefunden, einer Abkürzung zwischen der Schule und ihrer Wohnung. Sie wohnte mit einer anderen Lehrerin zusammen, Nora Ambrose. Sie hat berichtet, daß Janet White Angst vor einem Mann hatte, von dem sie sich ein Jahr zuvor getrennt hatte, der ihr aber öfter Drohbriefe schrieb. Man hat über diesen Mann nie etwas entdecken können. Nora Ambrose kannte seinen Namen nicht und wußte auch nicht genau, wo er wohnte."

„Aha", sagte Poirot. „Das kommt der Sache schon näher."

Und er machte einen dicken, schwarzen Haken an Janet Whites Namen.

„Warum?" fragte Spence.

„Weil es eine Art von Mord ist, von der man eher annehmen kann, daß ein Mädchen in Joyces Alter ihn gesehen hat. Sie kann ein Handgemenge gesehen oder einen Streit gehört haben zwischen einem Mädchen, das sie kannte, und einem fremden Mann. Daß es mehr war, hat sie damals nicht gedacht. Wann ist Janet White ermordet worden?"

„Vor zweieinhalb Jahren."

„Auch das", sagte Poirot, „ist etwa der richtige Zeitpunkt.

Joyce war damals noch nicht klar, daß der Mann, der die Hände an Janet Whites Hals hatte, sich nicht mit ihr abknutschte, sondern sie vielleicht gerade umbrachte. Aber als sie ein bißchen größer war, kam ihr plötzlich die richtige Erklärung."

Er sah Elspeth an. „Sie stimmen mir zu?"

„Ich verstehe, was Sie meinen", sagte Elspeth. „Aber fangen Sie's nicht am falschen Ende an? Sie suchen nach früheren Mordopfern anstatt nach einem Mann, der hier in Woodleigh Common erst vor drei Tagen ein Kind ermordet hat."

„Unser Weg führt uns von der Vergangenheit in die Gegenwart", sagte Poirot. „Wir beginnen vor zweieinhalb Jahren und kommen schließlich zu dem Zeitpunkt vor drei Tagen. Und deshalb müssen wir jetzt überlegen, wer von den Leuten bei der Kindergesellschaft mit einem früheren Verbrechen in Verbindung gebracht werden kann."

„Ich habe eine Liste der Anwesenden hier."

„Sorgfältig geprüft?"

„Ja, doppelt geprüft, es war ganz schön mühsam. Hier sind die achtzehn Namen."

Liste der während der Vorbereitungen zum Kinderfest Anwesenden:

Mrs. Drake (Gastgeberin)
Mrs. Butler
Mrs. Oliver
Miss Whittaker (Lehrerin)
Pfarrer Charles Cotterell
Simon Lampton (Vikar)
Miss Lee (Dr. Fergusons Sprechstundenhilfe)
Ann Reynolds
Joyce Reynolds

Leopold Reynolds
Nicholas Ransom
Desmond Holland
Beatrice Ardley
Cathie Grant
Diana Brent
Mrs. Carlton (Wirtschafterin)
Mrs. Minden (Putzfrau)
Mrs. Goodbody (Helferin)

„Und das sind bestimmt alle?“

„Nein“, sagte Spence, „mit Bestimmtheit kann ich das nicht sagen. Das kann niemand. Sehen Sie, gelegentlich kam jemand und lieferte irgendwas ab. Einer brachte bunte Glühbirnen. Jemand anders brachte Spiegel. Dann kamen Teller. Wieder jemand anders brachte einen Plastikeimer. Diese Leute lieferten alle ihre Sachen ab, wechselten ein paar Worte und gingen wieder. Es kann also sein, daß jemand übersehen worden ist. Dieser Jemand kann, auch wenn er nur einen Eimer in der Diele abgestellt hat, gehört haben, was Joyce im Wohnzimmer sagte. Sie brüllte ja ziemlich. Wir können die Möglichkeiten also nicht auf diese Liste beschränken, aber sie ist das Beste, was wir fertigbringen konnten. Hier, sehen Sie sich's an.“

„Ich danke Ihnen. Nur noch eine Frage. Mit ein paar von diesen Leuten haben Sie doch sicher inzwischen gesprochen. Hat einer von ihnen, auch nur *einer*, Joyces Bemerkung erwähnt?“

„Ich glaube, nein. Offiziell ist davon nichts bekannt. Ich habe zuerst von Ihnen darüber gehört.“

„Interessant“, sagte Poirot. „Man könnte auch sagen, bemerkenswert.“

„Offensichtlich hat keiner sie ernst genommen“, sagte Spence. Poirot nickte gedankenverloren.

„Ich muß jetzt gehen, ich bin mit Dr. Ferguson nach seiner Sprechstunde verabredet“, sagte er.

Er faltete Spences Liste zusammen und steckte sie in die Tasche.

9

Dr. Ferguson war sechzig Jahre alt, ein Schotte und kurz angebunden. Er musterte Poirot mit klugen Augen unter buschigen Augenbrauen und sagte:

„Na, worum geht's denn? Nehmen Sie Platz. Vorsichtig mit dem Stuhlbein, es ist locker.“

„Ich muß vielleicht erklären –“, sagte Poirot.

„Sie brauchen nichts zu erklären“, sagte Dr. Ferguson. „In einem Nest wie unserem weiß jeder über alles Bescheid. Diese Schriftstellerin da hat Sie als den größten Detektiv unter der Sonne hergebracht, damit Sie die Polizei ausstechen. Das stimmt doch in etwa?“

„Zum Teil“, sagte Poirot. „Ich bin hergekommen, um einen alten Freund zu besuchen, Ex-Superintendent Spence, der hier mit seiner Schwester zusammen wohnt.“

„Spence? Hm. Einer vom alten Schlag, anständiger Kerl. Keine Korruption. Keine Brutalität. Auch nicht dumm. Grundehrlich.“

„Sie schätzen ihn richtig ein.“

„Schön“, sagte Ferguson. „Was haben Sie ihm gesagt, und was hat er Ihnen gesagt?“

„Er und Inspektor Raglan sind außerordentlich entgegenkommend gewesen. Ich hoffe, Sie werden es auch sein.“

„Ich weiß gar nicht, womit ich entgegenkommend sein soll“, sagte Ferguson. „Denn ich weiß nicht, was wirklich passiert ist. Ein Kind wird bei einem Kinderfest mit dem Kopf in einen Eimer Wasser gestoßen und stirbt. Eine böse

Sache. Obwohl, heutzutage ist es nicht weiter überraschend, wenn ein Kind umgebracht wird. Viele Leute, die in Gewahrsam sein müßten, sind nicht in Gewahrsam. Kein Platz in den Heilanstalten. Sie laufen frei herum, nette Manieren, nettes Äußeres, sehen völlig normal aus und sehen sich nach jemandem um, den sie umbringen können. Und tun's dann mit Vergnügen. Allerdings im allgemeinen nicht gerade bei einem Fest. Das Risiko, daß sie erwischt werden, ist wahrscheinlich zu groß, aber selbst ein geistesgestörter Mörder ist immer mal für was Neues."

„Haben Sie irgendeine Ahnung, wer sie ermordet haben kann?"

„Glauben Sie wirklich, das ist eine Frage, die ich so mir nichts, dir nichts beantworten kann? Da brauchte ich doch wohl ein bißchen Beweismaterial, nicht? Und ich müßte mir ganz sicher sein."

„Sie könnten ja mal raten", sagte Poirot.

„Das kann jeder. Wenn ich zu einem Kranken gerufen werde, dann muß ich raten, ob er dabei ist, Masern zu bekommen, oder ob es eine Allergie gegen Schellfisch oder Federkissen ist. Ich muß dann Fragen stellen, um herauszukriegen, was der Kranke gegessen oder getrunken oder worauf er geschlafen hat oder mit welchen anderen Kindern er zusammengewesen ist. Und dann gebe ich eine vorläufige Meinung über die verschiedenen Möglichkeiten ab – und das, mein Lieber, nennt sich dann Diagnose. Man überstürzt dabei nichts und vergewissert sich erst."

„Kannten Sie das Kind?"

„Natürlich. Sie war eine meiner Patientinnen. Joyce war ein völlig gesundes Kind. Hatte die üblichen Kinderkrankheiten. Aß zuviel und redete zuviel. Das zu viele Reden hat ihr weiter nicht geschadet. Vom zu vielen Essen bekam sie manchmal Magenbeschwerden. Sie hat Mumps gehabt und Windpocken. Sonst nichts."

„Aber einmal hat sie vielleicht doch zuviel geredet."

„Ach, das ist Ihre Masche? Hab' schon davon gehört."

„Das könnte doch ein Motiv, ein Grund gewesen sein." erwiderte Poirot.

„O ja. Geb' ich zu. Aber es gibt auch andere Gründe. Geistesgestört scheint heutzutage die richtige Antwort zu sein. Jedenfalls ist es bei den Gerichten so. Ihr Tod hat niemandem etwas eingebracht, niemand hat sie gehaßt. Aber mir scheint, daß man bei Kindermorden nicht dort nach dem Grund zu suchen braucht. Der sitzt ganz woanders, nämlich im Mörder selbst."

„Und wer käme Ihrer Meinung nach in diesem Fall in Frage?"

„Sie meinen von denen, die neulich auf dem Fest waren?"

„Ja."

„Der Mörder mußte anwesend sein, sonst hätte es keinen Mord gegeben. Stimmt's? Er war also einer von den Gästen oder den Helfern, oder er ist mit vorsätzlichen bösen Absichten durch ein Fenster eingestiegen. Dieser Kerl, der Joyce ermordet hat, kommt wahrscheinlich aus einem guten Elternhaus, sieht nett aus und hat gute Manieren. Niemand würde auch nur im Traum drauf kommen, daß was nicht in Ordnung mit ihm sei. Haben Sie schon mal in einen schönen roten, saftigen Apfel gebissen, und innen drin richtet sich plötzlich etwas ziemlich Ekelhaftes auf und wackelt mit dem Kopf? Bei vielen Menschen ist es ähnlich. Öfter als früher, würde ich sagen."

„Immerhin, Sie geben zu, daß es jemand gewesen sein muß, der bei dem Kinderfest war. Einen Mord ohne Mörder gibt es nicht."

„O doch, in manchen Kriminalromanen ohne weiteres. Ihre Schriftstellerfreundin schreibt wahrscheinlich solche Bücher. Aber in diesem Fall stimme ich Ihnen zu. Der Mörder muß dort gewesen sein. Ich war übrigens auch da", sagte er. „Kam später dazu, wollte nur mal sehen, wie es ist."

Er nickte nachdrücklich.

„Ja, das ist das Problem, nicht wahr? Wie in der Zeitung bei den Gesellschaftsnachrichten: ‚Unter den Anwesenden war auch – *ein Mörder.*'"

10

Poirot betrachtete beifällig das Schulhaus.

Er wurde hereingelassen und sofort von einer Sekretärin ins Direktorinnenzimmer gebracht. Miss Emlyn erhob sich von ihrem Schreibtisch, um ihn zu begrüßen.

„Ich freue mich, Sie kennenzulernen, Monsieur Poirot. Ich habe von Ihnen gehört."

„Sehr freundlich", sagte Poirot.

„Von einer alten Freundin, Miss Bulstrode. Früher Direktorin von Meadowbank. Sie erinnern sich vielleicht an Miss Bulstrode?"

„Sie ist jemand, den man kaum vergessen kann. Eine starke Persönlichkeit."

„Ja", sagte Miss Emlyn. „Sie hat aus Meadowbank die Schule gemacht, die sie heute ist." Sie seufzte kurz und fuhr fort „Heute hat sich da natürlich manches geändert. Andere Ziele, andere Methoden, aber es ist trotzdem noch immer die alte fortschrittliche und trotzdem traditionsreiche Schule. Nun ja, man darf nicht zu sehr in der Vergangenheit leben. Sie sind zweifellos wegen der Ermordung von Joyce Reynolds zu mir gekommen. Ich weiß nicht, ob Sie an diesem Fall ein spezielles Interesse haben. Ich könnte mir vorstellen, daß er eigentlich etwas außerhalb Ihres Bereichs liegt. Sie haben sie persönlich gekannt oder vielleicht ihre Familie?"

„Nein“, sagte Poirot. „Ich bin auf Bitten einer alten Freundin, Mrs. Ariadne Oliver, hierhergekommen. Sie war hier auf Besuch und bei dem Kinderfest anwesend.“

„Das macht es sehr viel einfacher, den ganzen Fall zu besprechen“, sagte Miss Emlyn. „Solange keine persönlichen Gefühle im Spiel sind, kann man sehr direkt sein. Es ist eine entsetzliche Sache, und, wenn ich so sagen darf, eine ganz unwahrscheinliche. Die Kinder sind alle nicht mehr klein oder noch nicht groß genug, um den Fall in eine bestimmte Kategorie einzureihen. Alles scheint auf ein psychologisches Verbrechen hinzudeuten, meinen Sie nicht auch?“

„Nein“, sagte Poirot. „Ich glaube, es war ein Mord, der, wie die meisten Morde, aus einem Motiv heraus begangen worden ist, möglicherweise aus einem sehr niedrigen.“

„So. Und der Grund?“

„Der Grund war eine Bemerkung, die Joyce gemacht hat. Nicht beim Kinderfest selbst, sondern davor bei den Vorbereitungen. Sie hat nämlich behauptet, sie hätte einmal einen Mord gesehen.“

„Hat man ihr geglaubt?“

„Ich glaube, im großen und ganzen nicht.“

„Das scheint auch die wahrscheinlichste Reaktion zu sein. Joyce – ich spreche offen zu Ihnen, Monsieur Poirot, denn wir wollen doch unser objektives Urteil nicht durch unnötige Sentimentalitäten vernebeln –, Joyce also war ein recht durchschnittliches Kind, weder dumm noch besonders begabt. Sie war, ganz ehrlich gesagt, eine pathologische Lügnerin. Und ich meine damit nicht, daß sie aus betrügerischen Absichten log. Sie wollte damit nicht einer Strafe entgehen oder vermeiden, daß sie bei irgendeiner kleinen Sünde entdeckt wurde. Sie gab einfach an. Sie gab mit Dingen an, die gar nicht passiert waren, aber ihre Freundinnen beeindrucken sollten. Als Ergebnis neigte man natürlich allgemein dazu, ihr ihre Aufschneidereien nicht zu glauben."

„Sie glauben also, daß sie diese Mordgeschichte nur erzählt hat, um sich wichtig zu machen, um jemanden zu beeindrucken?"

„Ja. Und ich würde sagen, daß zweifellos Ariadne Oliver diejenige war, die beeindruckt werden sollte."

„Sie glauben also nicht, daß Joyce überhaupt einen Mord gesehen hat?"

„Ich würde das jedenfalls sehr bezweifeln."

„Sie sind der Meinung, daß sie sich das Ganze ausgedacht hat?"

„Das würde ich nicht sagen. Sie hat vielleicht wirklich einen Autounfall mit angesehen oder wie jemand auf dem Golfplatz von einem Ball getroffen und verletzt worden ist – etwas, was sie zu einem eindrucksvollen Geschehen ummodeln konnte, das man eventuell als Mordversuch gelten lassen könnte."

„So bleibt als einzige Annahme, von der wir mit einiger Sicherheit ausgehen können, daß ein Mörder unter den Anwesenden des Kinderfestes war."

„Gewiß doch", sagte Miss Emlyn, ohne mit der Wimper zu zucken. „Gewiß doch. Das ist doch logisch."

„Haben Sie vielleicht irgendeine Vorstellung, wer dieser Mörder gewesen sein kann?"

„Es ist sehr vernünftig, daß Sie mich das fragen", sagte Miss Emlyn. „Schließlich war die Mehrzahl der Kinder bei diesem Kinderfest zwischen neun und fünfzehn Jahre alt, und ich nehme an, fast alle sind einmal Schüler meiner Schule gewesen oder sind es noch. Da muß ich ja etwas über sie wissen. Auch etwas über ihre Familien und ihr Milieu."

„Eine Ihrer Lehrerinnen, glaube ich, ist vor ein, zwei Jahren von einem unbekannten Täter erwürgt worden."

„Meinen Sie Janet White? Sie war etwa vierundzwanzig

Jahre alt. Ein sehr emotionelles Mädchen. Soweit man weiß, war sie allein spazierengegangen. Sie kann sich natürlich mit einem jungen Mann getroffen haben. Auf eine zurückhaltende Weise war sie sehr attraktiv für Männer. Ihr Mörder ist nie gefunden worden. Die Polizei hat verschiedene junge Männer verhört oder sie gebeten, sie bei ihren Nachforschungen zu unterstützen, wie der Terminus technicus heißt, aber es war nicht möglich, genügend Beweismaterial zusammenzubekommen, um irgend jemanden anzuklagen. Ein sehr unbefriedigender Ausgang für die Polizei. Und ich muß sagen, für mich auch."

„Sie und ich, wir haben etwas Grundsätzliches gemein. Wir sind gegen den Mord."

Miss Emlyn sah ihn einen Augenblick an. Ihr Gesichtsausdruck änderte sich nicht, aber Poirot hatte das Gefühl, daß er einer sehr eingehenden Prüfung unterzogen wurde. Sie schwieg, und auch Poirot sagte nichts. Sie schien etwas zu überlegen.

Dann erhob sie sich und drückte eine Klingel.

„Ich glaube", sagte sie, „Sie sollten sich einmal mit Miss Whittaker unterhalten."

Etwa fünf Minuten vergingen, nachdem Miss Emlyn das Zimmer verlassen hatte. Dann öffnete sich die Tür, und eine etwa vierzigjährige Frau kam herein. Sie hatte graubraunes, kurzgeschnittenes Haar und betrat das Zimmer mit energischen Schritten.

„Monsieur Poirot?" fragte sie. „Kann ich etwas für Sie tun? Miss Emlyn scheint das zu denken."

„Wenn Miss Emlyn das denkt, dann wird das auch stimmen. Ich verlasse mich da ganz auf sie."

„Sie kennen sie?"

„Ich habe sie erst heute nachmittag kennengelernt."

„Aber Sie haben sich sehr schnell ein Urteil über sie gebildet."

„Ich hoffe, Sie können mir sagen, daß ich recht habe."

Elizabeth Whittaker stieß einen kurzen Seufzer aus.

„O ja, Sie haben recht. Ich nehme an, es geht um Joyce Reynolds' Tod. Ich weiß nicht genau, was Sie damit zu tun haben. Sind Sie von der Polizei?" Sie schüttelte den Kopf, als wenn sie das unbefriedigt ließe.

„Nein, nicht von der Polizei. Ich bin privat durch meine Freundin an diesen Fall gekommen."

Sie nahm sich einen Stuhl und schob ihn ein bißchen zurück, um Poirot besser zu sehen.

„Ja. Was also möchten Sie gern wissen?"

„Ich glaube nicht, daß ich Ihnen das sagen muß. Wir brauchen keine Zeit mit Fragen zu verschwenden, die vielleicht unwichtig sind. An dem Abend ist etwas bei dem Kinderfest passiert, das ich wissen muß. Stimmt's?"

„Ja."

„Sie waren auf der Kindergesellschaft?"

„Ja." Sie überlegte einen Augenblick. „Es war ein sehr schönes Kinderfest. Gut arrangiert und gut geleitet. Etwa dreißig Leute waren da, das heißt, wenn man die Helferinnen mitzählt."

„Waren Sie bei den Vorbereitungen dabei, die, glaube ich, am Nachmittag oder Vormittag stattfanden?"

„Es gab eigentlich nichts zu helfen. Mrs. Drake wurde mit wenigen Helfern sehr gut fertig, und es handelte sich auch hauptsächlich um Vorbereitungen im Haushalt."

„Ah so. Aber Sie waren als Gast bei dem Kinderfest?"

„Ja."

„Und was ist da passiert?"

„Den Ablauf des Festes kennen Sie sicherlich schon. Sie möchten gern wissen, ob ich Ihnen irgend etwas sagen kann, was mir besonders auffiel oder das meiner Meinung nach von Bedeutung sein könnte? Sie müssen verstehen, ich will Ihre Zeit nicht unnötig in Anspruch nehmen."

„Das werden Sie bestimmt nicht tun. Erzählen Sie mir doch ganz einfach, Miss Whittaker."

„Alles lief also genau nach Plan ab. Zuletzt kam der Feuerdrachen, durch den es sehr warm wurde im Zimmer. Ich ging deshalb hinaus in die Diele. Während ich da stand, sah ich Mrs. Drake aus der Toilette im ersten Stock kommen. Sie hatte eine große Vase in der Hand – Herbstblätter und Blumen. Sie blieb einen Augenblick auf dem Treppenabsatz stehen und sah über das Treppengeländer hinunter. Nicht in meine Richtung, sondern zum anderen Ende der Diele, zur Tür, die zur Bibliothek führt. Sie drehte die Vase ein bißchen andersherum, denn sie trug sich schlecht und war, wenn sie mit Wasser gefüllt war, wie ich annehme, sehr schwer. Diese Prozedur dauerte ein, zwei Minuten, und die ganze Zeit sah sie gar nicht auf die Vase, sondern hinunter in die Diele. Und dann machte sie eine plötzliche Bewegung – als wenn sie zusammenzuckte –, ja, es mußte sie etwas erschreckt haben. So stark, daß sie die Vase losließ, die herunterfiel und sich dabei drehte, so daß sich das ganze Wasser über Mrs. Drake ergoß. Die Vase landete mit einem Knall unten in der Diele und sprang in tausend Stücke."

„Aha", sagte Poirot. Er schwieg einen Augenblick und sah sie aufmerksam an. Sie hatte einen klugen und erfahrenen Blick. Ihre Augen schienen ihn zu fragen, was er von dem allen halte. „Was hat sie denn Ihrer Meinung nach so erschreckt?"

„Hinterher, als ich darüber nachgedacht hatte, ist mir der Gedanke gekommen, daß sie etwas gesehen hat."

„Sie dachten, sie hat etwas gesehen", wiederholte Poirot nachdenklich. „Zum Beispiel?"

„Wie ich Ihnen ja sagte, blickte sie direkt auf die Tür zur Bibliothek. Ich halte es für möglich, daß sie gesehen hat, wie diese Tür sich öffnete oder die Klinke herunterging oder vielleicht sogar noch mehr. Sie hat vielleicht gesehen, wie jemand die Tür geöffnet hat und gerade herauskommen wollte. Das kann jemand gewesen sein, auf den sie nicht gefaßt war."

„Sahen Sie auch zu der Tür?"

„Nein. Ich habe hinauf zu Mrs. Drake gesehen."

„Und Sie nehmen fest an, daß sie etwas gesehen hat und erschrak?"

„Ja. Vielleicht wie sich die Tür öffnete. Vielleicht auch eine Person, möglicherweise eine unerwartete, die gerade herauskam. Jedenfalls etwas, das sie so erschreckte, daß sie die volle Vase fallen ließ."

„Sahen Sie jemanden aus der Tür kommen?"

„Nein. Ich sah ja nicht hin. Ich glaube auch nicht, daß wirklich jemand herausgekommen ist. Wahrscheinlich hat sich derjenige schnell wieder zurückgezogen."

„Was hat Mrs. Drake dann gemacht?"

„Sie stieß einen zornigen Schrei aus, kam die Treppe herunter und sagte zu mir: ‚Sehen Sie sich das an, was ich hier gemacht habe! Wie sieht das aus!' Sie schob ein paar Scherben mit dem Fuß weg, und ich half ihr dann, alles in eine Ecke zu fegen. Im Augenblick war es nicht möglich, die Scherben ganz zu beseitigen, denn die Kinder fingen an, aus dem Eßzimmer in die Diele zu kommen. Ich holte noch schnell ein Tuch und wischte Mrs. Drake ein bißchen ab, und dann war das Fest auch bald zu Ende."

„Und Mrs. Drake sagte nichts davon, daß sie erschrocken war, und deutete auch nicht an, worüber?"

„Nein."

„Aber Sie meinen, sie *ist* erschrocken?"

„Wahrscheinlich denken Sie, daß ich von einer völlig unwichtigen Sache unnötigerweise viel hermache?"

„Nein", sagte Poirot, „das denke ich gar nicht. Ich habe Mrs. Drake erst einmal gesehen", fügte er nachdenklich hinzu, „als ich nämlich mit meiner Freundin, Mrs. Oliver, in ihrem Haus war, um mir den Tatort, wie das so schön heißt, anzusehen. In der kurzen Zeit, die mir für solche Beobachtungen zur Verfügung stand, ist mir nicht aufgefallen, daß Mrs. Drake zu den Frauen gehört, die leicht erschrecken. Stimmen Sie mir da zu?“

„Aber ja. Deshalb habe ich mich ja hinterher auch so gewundert.“

„Und Sie haben keine entsprechenden Fragen an Mrs. Drake gestellt?“

„Ich hatte nicht den geringsten Grund dazu. Wenn die Gastgeberin das Pech hat, ihre beste Glasvase in tausend Stücke zu hauen, dann kann man als Gast kaum hingehen und sagen: ‚Ja, um Gottes willen, warum haben Sie denn *das* getan?‘ und ihr damit den Vorwurf machen, daß sie ungeschickt gewesen ist. Und gerade Ungeschicklichkeit, das kann ich Ihnen versichern, gehört nicht zu Mrs. Drakes Eigenschaften.“

„Und gleich danach war das Fest zu Ende, wie Sie gesagt haben. Die Kinder und ihre Mütter und Freunde gingen nach Hause, und man konnte Joyce nirgends finden. Wir wissen jetzt, daß Joyce hinter der Tür zur Bibliothek lag und daß sie tot war. Wer kann es also gewesen sein, der kurze Zeit vorher aus der Bibliothek kommen wollte, Stimmen in der Diele hörte, die Tür wieder zumachte, später herauskam und sich unter die Leute mischte, die in der Diele herumstanden, sich verabschiedeten, ihre Mäntel anzogen und so weiter? Ich nehme an, daß Sie erst, nachdem die Leiche gefunden worden war, darauf kamen, über das, was Sie gesehen hatten, nachzudenken?“

„Ja.“ Miss Whittaker erhob sich. „Ich fürchte, mehr kann ich Ihnen nicht sagen. Und auch das hier mag Blödsinn sein.“

„Aber es war etwas, was Ihnen aufgefallen ist. Alles

Auffällige ist wichtig. Übrigens habe ich noch eine Frage, eigentlich sogar zwei."

Elizabeth Whittaker setzte sich wieder hin. „Bitte", sagte sie, „fragen Sie mich, was Sie wollen."

„Können Sie sich an die genaue Reihenfolge der einzelnen Ereignisse bei diesem Fest entsinnen?"

„Ich glaube doch", sagte Elizabeth Whittaker und überlegte einen Augenblick. „Es fing an mit der Prämiierung der Besenstiele. Dekorierte Besenstiele. Es gab drei oder vier kleine Preise. Dann gab es eine Art Wettkampf mit Ballons, die mit der Hand geschlagen wurden. Eine gemäßigte Toberei, damit die Kinder ein bißchen warm wurden. Dann gab es etwas mit Spiegeln, wobei die Mädchen in ein kleines Zimmer gingen und sich einen Spiegel vorhielten, in dem dann das Gesicht eines Jungen oder jungen Mannes erschien."

„Wie wurde das gemacht?"

„Oh, sehr einfach. Mit präparierten Fotos, die ein paar Jungens mitgebracht hatten."

„Wußten die Mädchen, wen sie da in ihrem Spiegel sahen?"

„Wahrscheinlich einige ja und einige nicht. Die jungen Männer hatten sich ein bißchen zurechtgemacht. Sie wissen ja, Masken oder Perücken, Koteletten, Bärte, ein bißchen Schminke. Die Mädchen kannten die meisten Jungen, und ein paar Fremde mögen noch dabeigewesen sein. Auf jeden Fall kicherte alles verzückt", sagte Miss Whittaker mit einem Anflug blaustrümpfiger Verachtung für diese Art von Vergnügen. „Danach kam ein Hindernisrennen, das Mehlschneiden, es wurde getanzt, und dann gab es Abendbrot. Nach dem Abendbrot kam als letzter Höhepunkt der Feuerdrachen."

„Wann haben Sie Joyce zum letztenmal an dem Abend gesehen?"

„Ich habe keine Ahnung“, sagte Elizabeth Whittaker. „Ich kannte sie nicht besonders gut. Sie ist nicht in meiner Klasse. Sie war kein sehr interessantes Mädchen, und so habe ich sie nicht weiter beobachtet. Ich erinnere mich aber, daß ich sie beim Mehlschneiden gesehen habe, weil sie so ungeschickt war. Da hat sie also noch gelebt – aber das war gleich am Anfang.“

„Sie haben nicht gesehen, daß sie mit jemandem in die Bibliothek gegangen ist?“

„Natürlich nicht. Das hätte ich doch längst gesagt. *Das* zumindest wäre auffällig und wichtig gewesen.“

„Und jetzt“, sagte Poirot, „zu meiner zweiten Frage. Seit wann sind Sie hier an der Schule?“

„Im Herbst seit sechs Jahren.“

„Und Ihre Fächer?“

„Mathematik und Latein.“

„Erinnern Sie sich an eine junge Dame, die hier vor zwei Jahren unterrichtet hat – Janet White?“

Elizabeth Whittaker erstarrte. Sie erhob sich halb von ihrem Stuhl und ließ sich wieder zurücksinken.

„Aber das – das kann doch gar nichts mit all dem hier zu tun haben?“

„Vielleicht doch“, sagte Poirot.

„Aber wie? In welcher Beziehung?“

In der Schule war man nicht so gut informiert wie der Dorfklatsch, dachte Poirot.

„Joyce hat vor Zeugen behauptet, vor ein paar Jahren einen Mord gesehen zu haben. Kann das Ihrer Meinung nach vielleicht der Mord an Janet White gewesen sein? Wie ist sie denn umgebracht worden?“

„Als sie eines Abends von der Schule nach Hause ging, wurde sie erwürgt.“

„War sie allein?“

„Wahrscheinlich nicht.“

„Aber nicht mit Nora Ambrose zusammen?“

„Was wissen Sie denn von Nora Ambrose?“

„Bis jetzt nichts“, sagte Poirot. „Aber ich würde gern etwas über sie wissen. Wie waren die beiden, Janet White und Nora Ambrose?“

„Sexbesessen“, sagte Elizabeth Whittaker, „aber auf verschiedene Art. Wie kann denn Joyce so etwas gesehen oder davon gewußt haben? Es ist in der Nähe vom Wald am Steinbruch passiert, auf einem Fußweg. Sie ist damals nicht älter als zehn oder elf gewesen.“

„Welche von den beiden hatte einen Freund?“ fragte Poirot.

„Das ist doch alles vorbei.“

„Wo ist Nora Ambrose jetzt?“

„Sie hat einen anderen Posten im Norden angenommen – sie war natürlich sehr mitgenommen. Sie waren ja – sehr befreundet gewesen.“

„Und die Polizei hat den Fall nie geklärt?“

Miss Whittaker schüttelte den Kopf. Sie stand auf und sah auf die Uhr.

„Ich muß jetzt gehen.“

„Ich danke Ihnen, daß Sie mit mir gesprochen haben.“

11

Hercule Poirot betrachtete die Fassade des Hauses am Steinbruch. Ein solides, gut gebautes Exemplar viktorianischer Baukunst. Er konnte sich die Einrichtung genau vorstellen – schwere Mahagonimöbel, vielleicht ein Billardzimmer, eine große Küche mit Steinfußboden, ein riesiger Kohlenherd, der jetzt wohl durch einen Gas- oder Elektroherd ersetzt worden war.

Er läutete an der Tür. Eine dünne, grauhaarige Frau

öffnete ihm und sagte, daß Colonel und Mrs. Westen in London seien und nicht vor nächster Woche zurückkämen.

Er fragte nach dem Steinbruchpark und bekam die Auskunft, daß er geöffnet sei und man keinen Eintritt zu zahlen brauche. Der Eingang sei ein paar hundert Meter weiter die Straße entlang, durch ein Schild an einem eisernen Gartentor gekennzeichnet.

Er fand den Weg ohne Schwierigkeit, ging durch das Gartentor und folgte einem Fußweg, der bergab durch Bäume und Sträucher führte.

Schließlich blieb er stehen und starrte in Gedanken versunken vor sich hin. Er dachte nicht nur über das nach, was er sah, sondern beschäftigte sich mit ein, zwei Sätzen, ein, zwei Tatsachen, die ihm schwer zu denken gegeben hatten. Ein gefälschtes Testament und ein Mädchen. Ein Mädchen, das verschwunden war, ein Mädchen, zu dessen Gunsten das Testament gefälscht worden war. Ein junger Künstler, der aus beruflichen Gründen hierhergekommen war, um aus einem alten Steinbruch einen Garten zu machen. Mrs. Levin-Smith hatte überall auf der Welt Gärten besichtigt, und sie wollte selbst einen Garten besitzen, einen Garten, der einen alten, verwahrlosten Steinbruch in einem besonders selbstgefälligen, ordentlichen und von Grund auf konventionellen Landstrich Englands in ein Paradies verwandelte.

Und so hatte sie sich also nach einem geeigneten, gutbezahlten Sklaven umgesehen, der ihre Wünsche ausführen würde. Und sie hatte einen qualifizierten jungen Mann mit Namen Michael Garfield gefunden, hatte ihn kommen lassen, ihm zweifellos ein Riesenhonorar gezahlt und zu gegebener Zeit ein Haus gebaut. Und Michael Garfield, dachte Poirot, als er sich umblickte, hatte sie nicht enttäuscht.

Er ließ sich auf einer Bank nieder, die an einem besonders schönen Punkt aufgestellt war. Er stellte sich vor, wie der

Garten im Frühling aussehen würde. Junge Buchen und Birken mit ihren weißborkigen Stämmen. Weißdorn und weiße Rosen, kleine Wacholderbäume. Aber jetzt war Herbst, und auch für den Herbst war vorgesorgt. Das goldrote Laub des Ahorns, ein, zwei Essigbäume. Sträucher, strotzend vor roter Beeren, Sanddorn oder Feuerdorn – Poirots Kenntnisse von Blumen und Büschen waren nicht gerade umfassend – nur Rosen und Tulpen konnte er auseinanderhalten.

Alles, was hier wuchs, sah aus, als wäre es von allein dort gewachsen. Nichts schien mit Vorbedacht gepflanzt zu sein, und doch wußte Poirot, daß der Schein trog, daß alles ganz genau geplant war, von der winzigen Pflanze, die zu seinen Füßen wuchs, bis zu dem gewaltigen Strauch mit seinen goldenen und roten Blättern. O ja, dachte Poirot bei sich, alles war genau geplant worden, und noch mehr: Alles hatte sich diesen Plänen unterworfen, hatte gehorcht.

Dann fragte er sich, wem es denn wohl gehorcht hatte. Mrs. Levin-Smith oder Mr. Michael Garfield? Das ist nämlich ein Unterschied, sagte sich Poirot, ja, ein großer Unterschied. Mrs. Levin-Smith hatte bestimmt große gärtnerische Kenntnisse gehabt. Sie hatte gewußt, was sie wollte, und hatte es auch gesagt. Aber hatte sie auch im Geiste vor sich gesehen, wie das, was sie angeordnet hatte, aussehen würde, wenn es durchgeführt war? Nach zwei, drei oder vielleicht sogar erst nach zehn Jahren, wenn die Pflanzen voll entfaltet waren? Michael Garfield, dachte Poirot, wußte, was sie haben wollte, weil sie es ihm gesagt hatte, und er konnte einen kahlen Steinbruch zum Blühen bringen. Er plante, und er führte seine Pläne durch; und er mußte das Vergnügen des Künstlers empfunden haben, der von einem reichen Klienten einen Auftrag bekommen hat. Hier war seine Idee eines Feenreichs. Teure Sträucher, für die große Schecks ausgeschrieben werden mußten, und seltene Pflanzen, die man vielleicht nur durch Beziehungen bekommen konnte, und dann wieder kleine, unscheinbare Pflänzchen, die auch dazugehörten und so gut wie nichts kosteten. Es war ein hinreißend schöner Garten.

Er dachte über die Leute nach, die jetzt im Haus am Steinbruch wohnten. Er wußte ihren Namen, ein pensionierter Oberst und seine Frau, aber Spence hätte ihm wirklich mehr über sie erzählen können. Er hatte das Gefühl, daß die neuen Eigentümer nicht mit der Liebe an dem allen hier hingen wie Mrs. Levin-Smith. Er erhob sich und ging ein Stückchen weiter. Es war ein sehr bequemer Weg, glatt und eben, offensichtlich so angelegt, daß ein älterer Mensch leicht darauf gehen konnte, und in passenden Abständen waren Bänke aufgestellt. Poirot dachte bei sich: Ich würde diesen Michael Garfield gern kennenlernen. Er hat hier etwas geleistet. Er versteht etwas von seinem Beruf, er ist ein ausgezeichneter Planer, und ich glaube, es ist ihm gelungen, seine Pläne so auszuführen, daß seine Auftraggeberin der Meinung sein mußte, es seien ihre Pläne gewesen. Aber es waren nicht nur ihre, es waren größtenteils seine. Ja, ich würde ihn wirklich gern kennenlernen. Wenn er noch in dem Häuschen wohnt, das für ihn gebaut worden ist, dann – er hielt inne.

Er starrte. Starrte über die Mulde, die zu seinen Füßen lag, hinweg zu dem Pfad, der sie auf der anderen Seite säumte. Starrte auf die Zweige eines bestimmten goldroten Strauchs, der etwas einrahmte, von dem Poirot einen Augenblick lang nicht genau wußte, ob es wirklich vorhanden oder nur eine Sinnestäuschung war, hervorgerufen durch das Spiel von Schatten, Sonne und Blättern.

Was sehe ich da? dachte Poirot. Bin ich verzaubert? Möglich wär's. Es geht etwas von diesem Park aus ... etwas Magisches, Verzaubertes. Es ist wie die Szene in einem Theaterstück, hier sind die Nymphen, die Faune, hier ist klassische Schönheit, aber hier ist auch – Angst. Ja, dachte er, in diesem Garten ist die Angst. Was hatte Spences Schwester noch gesagt? Etwas von einem Mord, der vor vielen Jahren in dem früheren Steinbruch begangen worden war? Blut hatte an diesen Steinen geklebt, aber dann war alles in Vergessenheit geraten. Michael Garfield war gekommen und hatte hier einen Garten von einmaliger Schönheit geschaffen, und eine alte Frau, die nicht mehr lange zu leben hatte, hatte es bezahlt.

Jetzt sah er, daß es ein junger Mann war, der an der anderen Seite der Mulde in einem Rahmen von goldenen und roten Blättern stand, und zwar ein junger Mann von ungewöhnlicher Schönheit – wenn man heutzutage so etwas überhaupt noch sagen durfte.

Poirot erhob sich und folgte dem Pfad um die Mulde herum. Als er die andere Seite erreicht hatte, trat der junge Mann unter den Bäumen hervor und ging ihm entgegen. Der Eindruck von Jugend schien das auffälligste an ihm zu sein, obgleich er, wie man bei näherer Betrachtung sah, nicht mehr jung war. Er war über dreißig, vielleicht sogar näher an die Vierzig. Nur ein sehr schwach angedeutetes Lächeln lag auf seinem Gesicht. Er war groß, schlank, sein Gesicht hatte die Regelmäßigkeit einer griechischen Statue. Er hatte dunkle Augen und schwarzes Haar, das seinen Kopf wie eine Kappe umschloß. Poirot sagte:

„Vielleicht darf man hier gar nicht eindringen? Dann muß ich um Entschuldigung bitten. Ich bin fremd hier und erst gestern angekommen."

„Es ist nicht gerade verboten." Seine Stimme war sehr leise, höflich, aber auf eine seltsame Weise uninteressiert, als ob die Gedanken des Mannes in Wirklichkeit weit weg wären. „Ein öffentlicher Park ist es gerade nicht, aber es kommen Leute her und gehen hier spazieren. Oberst Weston und seine Frau stört es nicht. Stören würde sie, wenn hier etwas kaputtgemacht würde, aber das ist nicht sehr wahrscheinlich."

„Keine Unordnung", sagte Poirot und blickte um sich. „Kein weggeworfenes Papier, nicht mal ein Papierkorb. Das ist doch sehr ungewöhnlich, nicht wahr? Und es ist auch ganz menschenleer – seltsam. Man sollte doch meinen", fuhr er fort, „daß man hier Liebespaare finden würde."

„Liebespaare kommen hier nicht her", sagte der junge Mann. „Aus irgendeinem Grund soll der Garten Unglück bringen."

„Sind Sie vielleicht der Gartenarchitekt?"

„Ich bin Michael Garfield", sagte der junge Mann.

„Das dachte ich mir", sagte Poirot. Er beschrieb mit der Hand einen Halbkreis. „Das hier haben Sie gemacht?"

„Ja", sagte Michael Garfield.

„Es ist wunderschön", sagte Poirot. „Irgendwie empfindet man es als ungewöhnlich, wenn etwas von solcher Schönheit in einer Landschaft entsteht, die – nun ja, ehrlich gesagt, ziemlich langweilig ist. Ich gratuliere Ihnen. Sie müssen mit dem, was Sie hier gemacht haben, sehr zufrieden sein."

„Ich weiß nicht. Ist man je zufrieden?"

„Sie haben diesen Garten, glaube ich, für eine Mrs. Levin-Smith angelegt. Sie ist nicht mehr am Leben, soweit ich weiß. Jetzt wohnen hier ein Oberst Weston und seine Frau, glaube ich. Gehört denen jetzt der Garten?"

„Ja. Sie sind billig drangekommen. Es ist ein sehr großes, unschönes Haus – sehr unpraktisch –, nicht das, was die meisten Leute haben wollen. Sie hatte es mir vermacht."

„Und Sie haben es verkauft."

„Das Haus habe ich verkauft."

„Und den Garten nicht?"

„O doch. Der Garten gehört dazu, das war praktisch eine Zugabe."

„Ach – warum?“ fragte Poirot. „Das ist interessant. Es macht Ihnen doch nichts, wenn ich vielleicht ein bißchen neugierig bin?“

„Ihre Fragen sind nicht ganz das übliche“, sagte Michael Garfield.

„Sie haben mir eben gesagt, Sie seien nicht ganz zufrieden, weil das niemand ist. War Ihre Auftraggeberin, Ihre Klientin oder wie Sie dazu sagen – war sie zufrieden? Mit diesem herrlichen Garten?“

„In gewisser Hinsicht schon“, sagte Michael. „Ich habe darauf geachtet. Man konnte sie sehr leicht zufriedenstellen.“

„Das klingt aber sehr unwahrscheinlich“, sagte Hercule Poirot. „Sie war, wie ich gehört habe, über sechzig. Wenigstens fünfundsechzig. Sind Menschen in diesem Alter je zufriedenzustellen?“

„Ich konnte sie überzeugen, daß alles, was ich machte, genau ihren Anordnungen, Entwürfen und Ideen entsprach.“

„Und stimmte das?“

„Fragen Sie mich das im Ernst?“

„Nein“, sagte Poirot. „Nein. Ehrlich gesagt, nicht.“

„Wenn man im Leben Erfolg haben will“, sagte Michael Garfield, „muß man die Berufslaufbahn einschlagen, die man sich wünscht, muß man seinen künstlerischen Begabungen, soweit vorhanden, Rechnung tragen, muß man aber auch Geschäftsmann sein. Jeder muß die Waren, die er hat, verkaufen. Sonst ist man dazu verurteilt, die Ideen anderer Leute auf eine Weise auszuführen, die einen nicht befriedigt. Ich habe hauptsächlich meine eigenen Ideen ausgeführt und habe das Ganze meiner Klientin als direktes Ergebnis ihrer eigenen Pläne und Entwürfe verkauft. Das zu lernen ist nicht schwer. Es ist nicht schwieriger, als einem Kind braune statt weißer Eier zu verkaufen. Der Kunde muß überzeugt werden, daß das, was er erhält, das Beste, das einzig Richtige ist."

„Sie sind ein sehr ungewöhnlicher junger Mann", sagte Poirot. „Arrogant", fügte er nachdenklich hinzu.

„Vielleicht."

„Sie haben hier etwas sehr Schönes geschaffen. Ich gratuliere Ihnen. Ich spreche Ihnen meine Hochachtung aus. Die Hochachtung eines alten Mannes, der sich einem Lebensalter nähert, welches das Ende seiner eigenen Arbeit anzeigt."

„Aber im Augenblick arbeiten Sie noch."

„Sie wissen also, wer ich bin?"

Poirot war hoch erfreut. Er hatte es gern, wenn die Leute wußten, wer er war. Die meisten Leute wußten es heute nicht mehr.

„Sie sind dem Verbrechen auf der Spur ... Man weiß das hier." erwiderte Michael Garfield. „In einer so kleinen Gemeinde verbreiten sich Neuigkeiten schnell. Eine zweite in der Öffentlichkeit erfolgreiche Persönlichkeit hat Sie hierhergebracht."

„Ah, Sie meinen Mrs. Oliver."

„Ariadne Oliver. Eine Bestsellerautorin, die gerne Äpfel ißt. Äpfel waren es wohl auch, die Sie zu uns gebracht haben?"

„Äpfel bei einem Kinderfest", sagte Poirot. „Waren Sie bei dem Fest?"

„Nein."

„Da haben Sie Glück gehabt."

„Glück?"

Michael Garfield wiederholte das Wort mit einem leicht überraschten Klang in der Stimme.

„Ein Gast bei einem Fest gewesen zu sein, bei dem jemand ermordet worden ist, ist kein angenehmes Erlebnis. Kannten Sie das Kind?"

„O ja. Die Reynolds sind sehr bekannt hier. Ich kenne die meisten Leute hier. In Woodleigh Common kennt jeder jeden."

„Wie war sie, diese Joyce?"

„Sie war – wie soll ich mich ausdrücken? – unwichtig. Sie hatte eine ziemlich häßliche Stimme. Schrill. Und das ist so ziemlich alles, was ich von ihr weiß. Ich mag Kinder nicht besonders. Meistens langweilen sie mich. Joyce hat mich auch gelangweilt. Wenn sie redete, dann nur über sich selbst."

„Sie war nicht interessant?"

Michael Garfield sah erstaunt aus.

„Das nehme ich nicht an", sagte er „Mußte sie's denn sein?"

„Meiner Ansicht nach werden uninteressante Menschen kaum ermordet. Man wird ermordet um des Gewinnes willen, aus Angst, aus Haß oder aus Liebe. Der Mörder kann sich eins davon aussuchen, aber einen Grund muß er erst mal haben –"

Er unterbrach sich und sah auf die Uhr.

„Ich muß gehen. Ich habe eine Verabredung. Nochmals meine Glückwünsche."

Er ging mit vorsichtigen Schritten auf dem Pfad weiter bergab. Er war froh, daß er diesmal keine engen Lackschuhe anhatte.

Michael Garfield war nicht der einzige, dem er an diesem Tag im Garten begegnen sollte. Als er den Talgrund erreicht hatte, sah er, daß von dort drei Wege in verschiedenen Richtungen weiterführten. Am Anfang des mittleren Weges saß ein Kind auf einem umgefallenen Baumstamm und wartete auf ihn.

„Ich nehme an, Sie sind Mr. Hercule Poirot, ja?"

Ihre Stimme hatte einen hellen, glockenklaren Klang. Sie war ein zartgliedriges Geschöpf. Etwas an ihr schien zu dem verzauberten Garten zu passen. Eine Nymphe oder ein Elfenwesen.

„So heiße ich“, sagte Poirot.

„Ich bin Ihnen entgegengegangen“, sagte das Kind. „Sie kommen doch heute zu uns zum Tee, nicht wahr?“

„Zu Mrs. Butler und Mrs. Oliver? Ja.“

„Stimmt. Das sind Mami und Tante Ariadne.“ Mit leichtem Tadel fügte sie hinzu: „Sie kommen aber ziemlich spät.“

„Oh, das tut mir leid. Ich habe mich noch mit jemandem unterhalten.“

„Ja, das habe ich gesehen. Sie haben sich mit Michael unterhalten, nicht?“

„Kennst du ihn?“

„Natürlich. Wir wohnen hier schon ziemlich lange. Ich kenne alle.“

Poirot fragte sie, wie alt sie war.

„Ich bin zwölf. Nächstes Jahr komme ich ins Internat“, antwortete sie.

„Gehst du gern oder nicht so gern?“

„Das kann ich nicht sagen, bis ich da bin. Hier gefällt’s mir nicht mehr so gut. Nicht so wie früher.“ Sie fügte hinzu: „Dann wollen wir mal gehen.“

„Aber gewiß. Aber gewiß. Ich bitte um Verzeihung für meine Verspätung.“

„Oh, das macht doch nichts.“

„Wie heißt du?“

„Miranda.“

„Ich glaube, das paßt gut zu dir.“

„Denken Sie an Shakespeare?“

„Ja. Lest ihr ihn in der Schule?“

„Ja. Miss Emlyn hat uns ein bißchen vorgelesen. Und dann habe ich Mami gebeten, mir noch ein bißchen mehr vorzulesen. Es hat mir gut gefallen. Es klingt so schön.“

Sie wandte sich um, begann den Weg entlangzugehen und sagte:

„Wir gehen hier durch. Es ist nicht sehr weit. Man kann durch die Hecke in unseren Garten gehen."

Dann sah sie über ihre Schulter zurück, zeigte mit dem Finger und sagte:

„Dort in der Mitte, da war mal ein Springbrunnen."

„Ein Springbrunnen?"

„Ja, vor Jahren. Er wird wohl immer noch da sein, unter den Büschen und Azaleen und anderen Pflanzen. Er war ganz abgebröckelt, wissen Sie. Die Leute nahmen immer Stücke davon mit, und ein neuer ist nie aufgestellt worden."

„Wie schade."

„Ich weiß nicht. Mögen Sie Springbrunnen?"

„*Ça dépend*", sagte Poirot.

„Ich kann ein bißchen Französisch", sagte Miranda. „Das heißt ‚das kommt drauf an', nicht?"

„Ganz richtig. Du hast offensichtlich einen sehr guten Schulunterricht."

„Alle sagen, daß Miss Emlyn eine sehr gute Lehrerin ist. Sie ist unsere Schulleiterin. Sie ist sehr streng, aber sie erzählt uns manchmal wahnsinnig interessante Sachen."

„Dann ist sie in der Tat eine gute Lehrerin", sagte Hercule Poirot. „Du kennst dich ja hier gut aus – du scheinst alle Wege zu kennen. Kommst du oft hierher?"

„O ja, das hier ist einer meiner Lieblingsspaziergänge. Dann weiß niemand, wo ich bin. Ich sitze in den Bäumen, auf den Ästen, und beobachte alles. Das macht mir Spaß. Zu beobachten, was alles vor sich geht."

„Was denn zum Beispiel?"

„Meist Vögel und Eichhörnchen. Vögel sind furchtbar zänkisch, nicht? Gar nicht so lieb, wie die Dichter immer tun. Und ich beobachte Eichhörnchen."

„Und Leute?"

„Manchmal. Aber hier kommen nicht viele Leute her."
„Warum nicht?"
„Sie fürchten sich wohl."
„Warum sollten sie sich denn fürchten?"
„Weil hier vor langer Zeit mal jemand umgebracht worden ist. Ehe es ein Garten war. Früher war das hier ein Steinbruch, und hier war ein großer Kieshaufen oder Sandhaufen, und da drin ist sie dann gefunden worden. Glauben Sie, daß das alte Sprichwort stimmt, daß man dazu geboren wird, entweder zu hängen oder zu ertrinken?"
„Heutzutage wird niemand geboren, um zu hängen. In unserem Land wird niemand mehr gehängt."
„Aber in anderen Ländern. Sie werden sogar auf den Straßen gehängt. Ich habe es in der Zeitung gelesen."
„Aha. Hältst du das für gut oder für schlecht?"
Miranda schien die Frage nicht direkt zu beantworten, aber Poirot hatte das Gefühl, daß ihre Worte als Antwort gemeint waren.
„Joyce ist ertränkt worden", sagte sie. „Mami wollte es mir nicht sagen, aber das ist doch ganz schön dumm, finden Sie nicht? Ich meine, ich bin schließlich zwölf Jahre alt."
„War Joyce deine Freundin?"
„Ja. Auf eine Art war sie eine sehr enge Freundin. Manchmal hat sie mir tolle Sachen erzählt. Über Elefanten und Radschas. Sie ist mal in Indien gewesen. Dahin wäre ich auch gern mal gefahren. Joyce und ich haben uns immer alle unsere Geheimnisse erzählt. Ich kann aber nicht so viel erzählen wie Mami. Mami ist in Griechenland gewesen. Da hat sie Tante Ariadne kennengelernt, aber ich war nicht mit."
„Wer hat dir das von Joyce erzählt?"
„Unsere Köchin. Sie hat sich mit der Putzfrau unterhalten. Jemand hat ihren Kopf in einen Eimer Wasser gehalten."

„Hast du eine Ahnung, wer das gewesen ist?“

„Ich glaube nicht. Sie schienen’s auch nicht zu wissen, aber sie sind beide eigentlich ziemlich dumm.“

„Weißt *du* es?“

„Ich war ja nicht da. Ich hatte Halsschmerzen und Fieber, und Mami wollte mich nicht mitnehmen. Aber ich glaube, ich könnte es wissen. Weil sie ertränkt worden ist. Deswegen habe ich gefragt, ob Sie glauben, daß man dazu geboren wird zu ertrinken. Wir gehen hier durch die Hecke. Passen Sie auf Ihren Anzug auf!“

Poirot folgte ihr. Die Öffnung in der Hecke war eher für das zartgliedrige Kind, das ihn führte, angelegt. Sie war aber sehr besorgt um Poirot, warnte ihn vor Dornenbüschen und hielt stachlige Zweige zurück. Sie tauchten auf der anderen Seite bei einem Komposthaufen wieder aus der Hecke auf, bogen bei einem verfallenen Gurkengestell um die Ecke, gingen an zwei Müllkästen vorbei und dann durch einen kleinen, gepflegten Garten, in dem hauptsächlich Rosen wuchsen, ins Haus. Miranda führte Poirot durch eine offene Terrassentür und meldete mit dem bescheidenen Stolz eines Sammlers, der sich gerade ein Exemplar eines besonders seltenen Käfers gesichert hat:

„Ich hab’ ihn.“

„Miranda, du hast Monsieur Poirot doch nicht etwa durch die Hecke geführt? Du solltest doch den Weg beim Seiteneingang nehmen.“

„Das ist aber ein besserer Weg“, sagte Miranda. „Kürzer und schneller.“

„Und sehr viel unangenehmer, fürchte ich.“

„Ich weiß nicht mehr“, sagte Mrs. Oliver. „Ich habe Sie doch mit meiner Freundin Mrs. Butler bekannt gemacht?“

„Natürlich. In der Post.“

Poirot hatte Mrs. Butler dort nur sehr kurz gesehen und konnte sie sich jetzt in Ruhe betrachten. Judith Butler war etwa fünfunddreißig Jahre alt, und während ihre Tochter einer Elfe oder Nymphe ähnelte, erinnerte die Mutter mehr an eine Nixe. Sie hätte eine der Rheintöchter sein können. Langes blondes Haar hing ihr bis auf die Schultern, sie hatte ein zartes, langes Gesicht mit leicht eingefallenen Wangen und große meergrüne Augen mit langen Wimpern.

„Ich freue mich, daß ich mich jetzt richtig bei Ihnen bedanken kann, Monsieur Poirot", sagte Mrs. Butler. „Es war sehr nett von Ihnen, gleich herzukommen, als Ariadne Sie gebeten hatte."

„Wenn meine Freundin Mrs. Oliver mich um etwas bittet, muß ich es immer sofort tun", sagte Poirot.

„Blödsinn", sagte Mrs. Oliver.

„Sie war fest überzeugt, ganz fest überzeugt, daß Sie diese scheußliche Tat aufklären würden. Miranda, gehst du bitte in die Küche? Das Teegebäck steht auf dem Küchentisch."

Miranda verschwand. Aber ehe sie ging, warf sie ihrer Mutter ein wissendes Lächeln zu, das deutlich sagte: Sie will mich vorübergehend aus dem Wege haben.

„Ich habe versucht, es vor ihr geheimzuhalten", sagte Mirandas Mutter. „Diese ekelhafte Geschichte. Aber wahrscheinlich war das von Anfang an gar nicht möglich gewesen."

„Nein, wirklich nicht", sagte Poirot. „Nichts macht in einem Wohnort so schnell die Runde wie ein Unglücksfall, besonders wenn er recht scheußlich ist. Und in jedem Fall", fügte er hinzu, „kann man nicht lange durchs Leben gehen, ohne zu merken, was um einen herum vorgeht. Kinder scheinen außerdem dafür besonders anfällig zu sein."

„Joyce Reynolds sind solche Sachen wie Mord jedenfalls aufgefallen", sagte Mrs. Butler. „Eigentlich kaum zu glauben."

„Daß Joyce das aufgefallen ist?"

„Nein, ich meine, daß sie so etwas gesehen und vorher nie darüber gesprochen hat. Das sieht gar nicht nach Joyce aus."

„Das erste, was mir hier jeder sagt", sagte Poirot milde, „ist, daß diese Joyce Reynolds eine Lügnerin war."

„Es ist natürlich möglich", sagte Judith Butler, „daß ein Kind sich so etwas ausdenkt, und plötzlich stellt sich heraus, daß es stimmt."

„Das ist unser Ausgangspunkt", sagte Poirot. „Joyce Reynolds ist ohne Zweifel ermordet worden."

„Und Sie sind von diesem Ausgangspunkt weitergegangen. Wahrscheinlich wissen Sie die Lösung schon?" sagte Mrs. Oliver.

„Madame, bitte erwarten Sie keine Unmöglichkeiten von mir. Sie haben es immer so eilig."

In diesem Augenblick kam Miranda wieder ins Zimmer, in der Hand eine Platte mit Teegebäck.

„Soll ich es hierher stellen?" fragte sie. „Ihr seid inzwischen sicher fertig? Oder soll ich noch etwas aus der Küche holen?"

In ihrer Stimme klang sanfter Spott. Mrs. Butler nahm die Teekanne und schenkte ein, während Miranda sittsam das Gebäck herumreichte.

„Ariadne und ich haben uns in Griechenland kennengelernt", sagte Judith. „Ich mag ihren Vornamen so gern", fügte sie hinzu. „Der paßt so gut zu Griechenland."

„Ja, das ist ja wohl ein griechischer Name", sagte Mrs. Oliver. „Es ist übrigens mein Taufname, ich habe ihn mir nicht für literarische Zwecke ausgedacht. Aber mir ist es noch nie wie der Ariadne gegangen. Ich bin noch nie auf einer griechischen Insel von meinem Herzallerliebsten sitzengelassen worden oder so ähnlich."

Poirot hob eine Hand zum Schnurrbart, um das Lächeln zu verbergen, das er bei dem Gedanken an Mrs. Oliver in der Rolle der verlassenen griechischen Jungfrau nicht unterdrücken konnte.

„Wir können nicht alle unseren Namen gerecht werden", sagte Mrs. Butler.

„Nein, wirklich nicht. Ich kann mir dich auch nicht in der Rolle der Frau vorstellen, die ihrem Geliebten den Kopf abhackt. So war es doch, ich meine bei Judith und Holofernes?"

„Es war ihre Pflicht ihrem Volk gegenüber", sagte Mrs. Butler. „Und wenn ich mich recht entsinne, wurde sie dafür sehr gelobt und belohnt."

„Bei Judith und Holofernes kenne ich mich nicht sehr gut aus. Aber wenn man so nachdenkt – die Leute geben ihren Kindern schon manchmal seltsame Namen. Wer war das noch, der jemand anderem Nägel in den Kopf geschlagen hat? Jaël oder Sisera. Ich weiß nie, wer von den beiden der Mann ist und wer die Frau. Ich glaube, Jaël. Ich kann mich nicht erinnern, ein Kind zu kennen, das Jaël heißt."

„Da tat sie auf einen Milchtopf und gab ihm zu trinken", sagte Miranda plötzlich.

„Sieh *mich* nicht so an", sagte Judith Butler zu ihrer Freundin. „*Ich* hab' sie nicht mit dem Buch der Richter bekannt gemacht. So was lernt sie in der Schule."

„Das ist doch ziemlich ungewöhnlich heutzutage, nicht?" sagte Mrs. Oliver. „Statt Religionsunterricht bekommen die Kinder doch mehr allgemeine ethische Anweisungen."

„Nicht bei Miss Emlyn", sagte Miranda. „Sie sagt, in der Kirche bekommen wir bei den Lektionen nur die modernen Bibelübersetzungen vorgelesen, und die haben überhaupt keinen literarischen Wert. Wir sollen auch die schöne Prosa und die Blankverse der alten Übersetzung kennenlernen. Die Geschichte von Jaël und Sisera hat mir großen Spaß gemacht", fügte sie hinzu. „Das ist etwas", sagte sie nachdenklich, „worauf ich selbst nie gekommen wäre. Jemandem einen Nagel in den Kopf zu schlagen, während er schläft, meine ich."

„Das möchte ich aber auch nicht hoffen", sagte ihre Mutter.

„Und wie würdest *du* dich deiner Feinde entledigen, Miranda?" fragte Poirot.

„Ich würde sehr sanft sein", sagte Miranda. „Das wäre zwar sehr viel schwieriger, aber ich würde es lieber so haben, weil ich es hasse, jemandem weh zu tun. Ich würde eine Droge nehmen. Davon schläft man ein und hat schöne Träume und wacht einfach nicht wieder auf." Sie stellte die Tassen und Teller auf das Teebrett. „Ich wasche ab, Mami", sagte sie, „wenn du Monsieur Poirot den Garten zeigen möchtest. Ganz hinten blühen noch ein paar Rosen."

Mit dem Teebrett verließ sie vorsichtig das Zimmer.

„Miranda ist ein erstaunliches Kind", sagte Mrs. Oliver.

„Sie haben eine sehr schöne Tochter, Madame", sagte Poirot.

„Ja, jetzt sieht sie noch hübsch aus. Man weiß nur nie, wie sie aussehen, wenn sie größer werden. Dann bekommen sie Kälberspeck und sehen manchmal wie gut genährte Schweinchen aus. Aber jetzt – jetzt ist sie wie eine Nymphe."

„Kein Wunder, daß sie so gern im Steinbruch ist."

„Manchmal wünschte ich, sie ginge nicht so gern dahin", sagte Mrs. Butler. „Ich werde immer ängstlich, wenn sie da so einsam herumwandert, auch wenn es ganz nah am Dorf ist. Ich – oh, heutzutage hat man immerzu Angst. Und darum – darum müssen Sie herausfinden, warum Joyce so etwas Schreckliches zugestoßen ist, Monsieur Poirot. Denn solange wir das nicht wissen, fühlen wir uns keine Minute sicher – mit *unseren* Kindern, meine ich. Geh schon mit Monsieur in den Garten, ja, Ariadne? Ich komme gleich."

Sie nahm die restlichen Tassen und Teller und ging in die

Küche. Poirot und Mrs. Oliver gingen durch die Terrassentür in den Garten. Mrs. Oliver marschierte schnell an Goldruten, Astern und Rosen vorbei, ließ sich schwer auf einer Steinbank nieder und winkte Poirot, an ihrer Seite Platz zu nehmen.

„Wie finden Sie Judith?" fragte sie.

„Ich finde, Judith müßte eigentlich Undine heißen", sagte Poirot.

„Eine Nixe, ja. Ja, sie sieht wirklich aus, als wenn sie eben aus dem Rhein gestiegen wäre oder aus dem Meer oder einem Waldteich. Aber trotzdem wirkt sie doch gar nicht merkwürdig oder verrückt, nicht?"

„Sie ist eine sehr schöne Frau."

„Was für einen Eindruck haben Sie denn von ihr?"

„Bis jetzt hatte ich noch keine Zeit, einen richtigen Eindruck von ihr zu bekommen. Aber ich meine, daß sie eine sehr schöne und attraktive Frau ist und daß irgend etwas sie stark beunruhigt."

„Na sicher, das ist doch natürlich."

„Was mich aber viel mehr interessieren würde, Madame, ist *Ihre* Meinung über Mrs. Butler."

„Ich habe sie auf der Seereise sehr gut kennengelernt. Sie wissen ja, bei solchen Gelegenheiten schließt man oft enge Freundschaften."

„Vor der Reise haben Sie sie nicht gekannt?"

„Nein."

„Aber Sie wissen einiges über sie?"

„Na ja, so das Übliche. Sie ist verwitwet", sagte Mrs. Oliver. „Ihr Mann ist vor vielen Jahren gestorben – er war Pilot. Er ist bei einem Autounfall ums Leben gekommen. Er hat sie, glaube ich, ziemlich mittellos zurückgelassen. Sein Tod hat sie sehr mitgenommen. Sie redet nicht gern von ihm."

„Ist Miranda ihr einziges Kind?"

„Ja. Judith hilft hier in der Nachbarschaft manchmal halbtags als Sekretärin aus, aber sie hat keine feste Stelle."

„Kannte sie die Leute aus dem Haus am Steinbruch?" fragte Poirot.

„Sie meinen Oberst und Mrs. Weston?"

„Ich meine die frühere Eigentümerin, Mrs. Levin-Smith."

„Das glaube ich schon. Ich glaube, sie hat den Namen erwähnt. Aber sie ist schon zwei oder drei Jahre tot, und deshalb wird natürlich nicht mehr viel von ihr geredet. Genügen Ihnen denn die Leute nicht, die am Leben sind?" fragte Mrs. Oliver leicht irritiert.

„Ganz sicher nicht", sagte Poirot. „Ich muß auch nach denen fragen, die gestorben oder verschwunden sind."

„Wer ist verschwunden?"

„Ein *Au-pair*-Mädchen."

„Ach so", sagte Mrs. Oliver. „Die verschwinden doch immerzu. Ich meine, sie kommen her und bekommen ihr Fahrgeld bezahlt, und dann gehen sie gleich ins Krankenhaus, weil sie schwanger sind und ein Kind kriegen, und das heißt dann René oder Hans oder Boris. Oder sie sind rübergekommen, weil sie hier jemanden heiraten wollen oder hinter irgendeinem jungen Mann her sind. Sie glauben nicht, was mir meine Freunde erzählen. Mit den *Au-pair*-Mädchen scheint es so zu sein: Entweder sind sie Perlen, die man am liebsten nie wieder gehen lassen würde, oder sie stehlen einem die Strümpfe aus der Schublade oder lassen sich ermorden –" Sie brach ab. „Oh!" sagte sie.

„Beruhigen Sie sich, Madame", sagte Poirot. „Es scheint kein Grund zu der Annahme zu bestehen, daß ein *Au-pair*-Mädchen ermordet worden ist – im Gegenteil."

„Was meinen Sie mit ‚im Gegenteil'? Das gibt doch keinen Sinn."

„Wahrscheinlich nicht. Trotzdem –"

Er nahm sein Notizbuch heraus und machte eine Eintragung.

„Was schreiben Sie da?“

„Ich schreibe gewisse Dinge auf, die in der Vergangenheit passiert sind.“

„Sie scheinen ja von der Vergangenheit sehr beunruhigt zu sein.“

„Die Vergangenheit ist die Mutter der Gegenwart“, sagte Poirot lehrhaft.

Er reichte ihr sein Notizbuch.

„Wollen Sie sehen, was ich geschrieben habe?“

„Natürlich. Obgleich ich sicher nur die Hälfte verstehen werde. Denn die Sachen, die *Sie* für wichtig halten, finde ich meist unwichtig.“

Sie las.

„Todesfälle: z. B. Mrs. Levin-Smith (reich). Janet White (Lehrerin). Angestellter in Anwaltsbüro – erstochen, schon einmal wegen Fälschung verurteilt.“

Darunter stand: „*Au-pair*-Mädchen verschwindet.“

„Warum ist sie denn verschwunden?“

„Weil sie möglicherweise mit dem Gesetz in Konflikt geraten ist.“

Poirots Finger deutete auf die nächste Eintragung. Es war das Wort „Fälschung“, mit zwei Fragezeichen versehen.

„Fälschung?“ fragte Mrs. Oliver erstaunt. „Warum Fälschung?“

„Das habe ich mich auch gefragt. *Warum* Fälschung?“

„Was für eine Fälschung denn?“

„Ein Testament ist gefälscht worden oder vielmehr ein Kodizill. Ein Kodizill zugunsten des *Au-pair*-Mädchens.“

„Aber was soll denn das mit dem Mord an der armen Joyce zu tun haben?“

„Das weiß ich auch nicht“, sagte Poirot. „Aber deshalb ist es ja gerade so interessant.“

„Wie heißt das nächste Wort? Ich kann das nicht lesen."

„Elefanten."

„Und was soll das mit allem zu tun haben?"

„Es hat vielleicht damit zu tun", sagte Poirot, „glauben Sie mir."

Er erhob sich.

„Ich muß jetzt gehen", sagte er. „Entschuldigen Sie mich bitte bei unserer Gastgeberin, daß ich ihr nicht auf Wiedersehen gesagt habe. Ich habe mich sehr gefreut, sie und ihre reizende Tochter kennenzulernen. Sagen Sie ihr, sie soll gut auf das Kind aufpassen."

„Na schön, auf Wiedersehen. Wenn Sie so gern mysteriös tun, dann werden Sie wohl weiterhin mysteriös tun. Sie haben mir nicht einmal gesagt, was Sie jetzt als nächstes vorhaben."

„Ich bin morgen früh mit der Firma Fullerton, Harrison und Leadbetter in Medchester verabredet."

„Warum?"

„Um mit ihnen über Fälschungen und andere Sachen zu reden."

„Und dann?"

„Dann werde ich mit bestimmten Leuten reden, die auch dabei waren."

„Bei dem Kinderfest?"

„Nein – bei den Vorbereitungen zum Kinderfest."

12

Die Büros von Fullerton, Harrison und Leadbetter waren genau das, was man sich bei einer altmodischen und äußerst ehrbaren Firma vorstellt. Die Zeit hatte ihre Spuren hinterlassen. Harrison gab es nicht mehr und auch keinen Leadbetter. Es gab einen Mr. Atkinson und einen jungen Mr.

Cole, und dann war immer noch Mr. Jeremy Fullerton da, der Seniorchef.

Ein magerer, ältlicher Mann war Mr. Fullerton, mit einem unbeweglichen Gesicht, einer trockenen Juristenstimme und unerwartet lebensklugen Augen. Seine Hand lag auf einem Brief, dessen wenige Zeilen er eben gelesen hatte. Er las sie noch einmal, um sich genau über ihren Inhalt klarzuwerden. Dann sah er den Mann an, der ihm durch diesen Brief angekündigt wurde.

„Monsieur Hercule Poirot?“ Prüfend musterte er seinen Besucher. Ein älterer Mann, ein Ausländer, sehr modisch gekleidet, an den Füßen höchst unpassende Lackschuhe, die ihm, wie Mr. Fullerton listig erriet, zu eng waren. Ein Dandy, ein Stutzer, ein Ausländer, empfohlen ausgerechnet durch Inspektor Henry Raglan und Superintendent Spence (im Ruhestand), früher Scotland Yard.

Fullerton kannte Spence. Ferne Erinnerungen tauchten auf. Ein ziemlich berühmter Fall, der viel mehr Aufsehen erregte, als man es am Anfang für möglich gehalten hatte, ein Fall, der von vornherein völlig klar zu sein schien. Es war offensichtlich um einen psychopathischen Mörder gegangen, einen Mann, der überhaupt nicht versuchte, sich zu verteidigen, einen Mann, von dem man denken konnte, er *wolle* gehenkt werden.

Spence hatte die Untersuchungen geleitet, ein ruhiger, zäher Mann, der von Anfang an darauf bestand, daß sie den Falschen erwischt hatten. Und sie *hatten* den Falschen erwischt, und der Mann, der den Beweis dafür schließlich fand, war irgend so ein ausländischer Amateur gewesen. Ein pensionierter Beamter der belgischen Polizei. Schon damals nicht mehr jung. Und jetzt – wahrscheinlich senil, dachte Mr. Fullerton, aber wie dem auch sei, er würde sich klug verhalten. Auskunft wollte man von ihm haben – die zu geben kein Fehler sein konnte, denn er glaubte nicht, daß er im Besitz von Informationen war, die in diesem besonderen Fall von Nutzen sein konnten. Ein Fall von Kindesmord.

Mr. Fullerton räusperte sich asthmatisch und ergriff das Wort.

„Monsieur Hercule Poirot", sagte er noch einmal. „Was kann ich für Sie tun? Ich nehme an, es handelt sich um dies kleine Mädchen, Joyce Reynolds. Ekelhafte Sache, sehr ekelhaft. Eigentlich weiß ich nicht recht, wie ich Ihnen helfen soll. Ich weiß sehr wenig darüber."

„Aber Sie sind doch, glaube ich, der Rechtsbeistand der Familie Drake?"

„O ja, ja. Hugo Drake. Armer Kerl. Sehr netter Mann. Sehr traurige Sache, Kinderlähmung – er hat sich im Urlaub angesteckt, irgendwo im Ausland. Geistig blieb er natürlich völlig gesund. Sehr traurig, wenn einem Mann so etwas passiert, der sein Leben lang ein Sportler war. Ja. Traurig, wenn man weiß, daß man ein Krüppel bleiben muß."

„Soweit ich weiß, lagen auch die Rechtsangelegenheiten von Mrs. Levin-Smith in Ihren Händen?"

„Die Tante, ja. Eine wirklich bemerkenswerte Frau. Sie wurde krank und zog hierher, um in der Nähe ihres Neffen und seiner Frau zu sein. Kaufte diesen alten Kasten von Haus, zahlte natürlich viel mehr dafür, als er wert war, aber Geld spielte keine Rolle bei ihr. Sie war sehr vermögend. Sie hätte ein netteres Haus finden können, aber der Steinbruch faszinierte sie. Holte sich einen Gartenarchitekten, einen in seinem Beruf sehr bekannten Mann, glaube ich. Für ihn kam eine Menge heraus bei dieser Arbeit. Wurde berühmt dabei, veröffentlichte Bilder in *Heim und Garten* und so weiter. Ja. Mrs. Levin-Smith hatte eine gute Nase für Leute. Es ging ja nicht nur darum, einen hübschen jungen Mann als Protegé zu haben. Manche ältere Frauen sind ja so verrückt. Aber dieser Mann hatte Verstand und war führend in seinem Beruf. Aber ich komme ein bißchen ab von der Sache. Mrs. Levin-Smith ist vor fast zwei Jahren gestorben."

„Ganz plötzlich."

Fullerton sah Poirot scharf an.

„Ach nein, das würde ich nicht sagen. Sie war herzkrank, und die Ärzte versuchten, sie vor Überanstrengungen zu bewahren, aber sie war eine Frau, der man keine Vorschriften machen konnte. Hypochondrie lag ihr nicht." Er hustete und sagte: „Aber ich glaube, wir entfernen uns immer mehr von dem, worüber wir sprechen wollten."

„Im Grunde nicht", sagte Poirot, „obgleich ich Sie gern etwas fragen möchte, was etwas ganz anderes betrifft. Ich hätte nämlich gern Auskunft über einen Ihrer Angestellten, er heißt Lesley Ferrier."

Mr. Fullerton sah etwas erstaunt aus. „Lesley Ferrier?" fragte er. „Lesley Ferrier. Warten Sie mal. Wirklich, ich hatte seinen Namen schon fast vergessen. Ja, ja, natürlich. Wurde erstochen, nicht wahr?"

„Ja, das ist der Mann."

„Nun, ich glaube nicht, daß ich Ihnen da viel erzählen kann. Das ist vor einiger Zeit passiert. Er wurde eines Abends in der Nähe des ‚Grünen Schwan' erstochen. Es ist nie jemand verhaftet worden. Ich nehme an, daß die Polizei wußte, wer der Täter war, aber keine Beweise hatte."

„Das Motiv war emotionell?" fragte Poirot.

„O ja, das glaube ich ganz gewiß. Eifersucht. Er hatte was mit einer verheirateten Frau gehabt. Ihr Mann hatte eine Kneipe, den ‚Grünen Schwan' in Woodleigh Common. Einfaches Lokal. Dann scheint Lesley mit einem anderen Mädchen etwas angefangen zu haben – oder mit mehreren, wie es hieß. Er hatte es sehr mit den Frauen. Hatte schon ein-, zweimal Ärger deshalb gehabt."

„Sie waren mit ihm als Ihrem Angestellten zufrieden?"

„Ich würde eher sagen, nicht unzufrieden. Er hatte seine guten Seiten. Wenn er nur ein bißchen an seine Stellung gedacht und sich entsprechend benommen hätte, wäre es besser für ihn gewesen. Eines Abends gab es Krach im ‚Grünen Schwan', und auf dem Heimweg wurde Lesley Ferrier erstochen."

„War es eines von den Mädchen oder eher Mrs. Grüner Schwan?"

„Wirklich, bestimmt sagen läßt sich das in diesem Fall nicht. Ich glaube, die Polizei hielt es für ein Verbrechen aus Eifersucht – aber –" Er zuckte die Achseln. „Lesley Ferrier hatte auch Verbindung mit ein paar nicht ganz einwandfreien Typen, machte mit ihnen dunkle Geschäfte. Und bei diesen Leuten ist man nie sicher. Der geringste Verdacht, daß man sich von ihnen absetzen will, und schon hat man ein Messer zwischen den Rippen."

„Und niemand hat es gesehen?"

„Nein, niemand."

„Aber *irgend jemand* kann es doch gesehen haben. Jemand, von dem man es nie glauben würde. Ein Kind zum Beispiel."

„Spät am Abend? In der Nachbarschaft vom ‚Grünen Schwan'? Das klingt nicht sehr glaubhaft, Monsieur Poirot."

„Ein Kind", verfolgte Poirot hartnäckig seinen Gedanken weiter, „das sich eines Tages daran erinnert. Ein Kind, das auf dem Heimweg von einer Freundin ist. Es kann einen Fußweg entlanggekommen sein oder hinter einer Hecke gestanden und es beobachtet haben."

„Wirklich, Monsieur Poirot, was haben Sie für eine Phantasie. Was Sie da sagen, scheint *mir* äußerst unwahrscheinlich."

„Mir nicht", sagte Poirot. „Kinder sehen nun einmal viel. Sie sind so oft dort, wo man sie nicht erwartet."

„Aber dann gehen sie doch nach Hause und erzählen, was sie gesehen haben.“

„Vielleicht auch nicht“, sagte Poirot. „Sehen Sie, vielleicht wissen sie gar nicht genau, *was* sie eigentlich gesehen haben. Besonders, wenn es ihnen ein bißchen angst gemacht hat. Nicht immer gehen Kinder nach Hause und erzählen einen Unfall, den sie gesehen haben, oder irgendeine Gewalttat. Kinder können ihre Geheimnisse sehr gut für sich behalten. Und über sie nachdenken. Manchmal finden sie es sogar schön, ein Geheimnis zu haben und es für sich zu behalten.“

„Sie würden es ihren Müttern erzählen“, sagte Mr. Fullerton.

„Da bin ich gar nicht so sicher“, sagte Poirot. „Nach meinen Erfahrungen gibt es sehr viele Dinge, die Kinder ihren Müttern *nicht* erzählen.“

„Wenn ich fragen darf, was interessiert Sie denn so an dem Fall Lesley Ferrier?“

„Ich wollte davon wissen, weil es sich hier um einen gewaltsamen Tod handelt, der vor wenigen Jahren passiert ist. Das kann für mich wichtig sein.“

„Wissen Sie, Mr. Poirot“, sagte Mr. Fullerton mit leichter Schärfe, „ich verstehe wirklich nicht ganz, warum Sie eigentlich zu mir gekommen sind und was Sie wissen wollen. Sie können doch nicht annehmen, daß zwischen Joyce Reynolds' Tod und der Ermordung eines jungen Mannes, der begabt, aber leicht kriminell war und der seit einigen Jahren tot ist, eine Verbindung besteht?“

„Man kann alles annehmen“, sagte Poirot. „Man muß Näheres herausfinden.“

„Entschuldigen Sie, aber wenn es sich um ein Verbrechen handelt, muß man als erstes Beweise haben.“

„Vielleicht haben Sie gehört, daß Joyce vor mehreren Zeugen behauptet hat, sie habe einen Mord gesehen.“

„An einem Ort wie diesem", sagte Mr. Fullerton, „hört man im allgemeinen jedes Gerücht, das gerade die Runde macht. Und im allgemeinen, wenn ich das hinzusetzen darf, hört man es in einer übertriebenen Form, die nicht eben glaubhaft scheint."

„Das", sagte Poirot, „stimmt. Joyce war eben dreizehn. Ein Kind von neun Jahren könnte doch etwas, was es gesehen hat, im Gedächtnis behalten – einen Verkehrsunfall mit Fahrerflucht, einen Kampf oder ein Handgemenge mit Messern an einem dunklen Abend oder auch, wie eine Lehrerin erwürgt wird – so etwas würde ein Kind sehr stark beeindrucken, es würde aber nicht darüber sprechen – vielleicht, weil es sich nicht ganz klar darüber ist, was es denn wirklich gesehen hat –, sondern würde es für sich behalten. Vielleicht würde es alles sogar vergessen, bis etwas passiert, was es wieder daran erinnert. Sie stimmen mir doch zu, daß das möglich ist?"

„O ja, ja, aber doch kaum – ich glaube, das ist doch sehr weit hergeholt."

„Außerdem ist hier noch eine junge Ausländerin verschwunden. Ihr Name war, glaube ich, Olga oder Sonja – den Zunamen weiß ich nicht genau."

„Olga Seminoff. Ja."

„Nicht sehr zuverlässig, fürchte ich?"

„Nein."

„Sie war Gesellschafterin oder Pflegerin bei Mrs. Levin-Smith, nicht wahr, von der Sie gerade gesprochen haben? Mrs. Drakes Tante –"

„Ja. Sie hatte mehrere Mädchen in dieser Stellung – zwei weitere Ausländerinnen, glaube ich; mit der einen bekam sie fast auf der Stelle Streit, und die andere war zwar nett, aber entsetzlich dumm. Und Mrs. Levin-Smith hatte nicht viel Geduld mit dummen Menschen. Olga, ihr letzter Versuch, schien dann genau das richtige zu sein. Sie war, wenn ich mich recht erinnere, kein besonders attraktives Mädchen", sagte Mr. Fullerton. „Sie war klein, ziemlich untersetzt, hatte eine mürrische Art und war in der Nachbarschaft nicht sehr beliebt."

„Aber Mrs. Levin-Smith mochte sie", meinte Poirot.

„Sie wurde ihr sehr zugetan – unseligerweise, scheint es."

„Ah so."

„Zweifellos", sagte Mr. Fullerton, „sage ich Ihnen nichts, was Sie nicht schon gehört haben. Wie ich schon sagte, so etwas breitet sich aus wie ein Waldbrand."

„Ich habe gehört, daß Mrs. Levin-Smith dem Mädchen eine große Geldsumme hinterlassen hat."

„Ja, eine ganz erstaunliche Sache", sagte Mr. Fullerton. „Mrs. Levin-Smith hatte ihre grundsätzlichen testamentarischen Bestimmungen seit Jahren nicht geändert, außer daß sie einige Stiftungen hinzufügte und Legate änderte, die durch Todesfall ungültig geworden waren. Vielleicht erzähle ich Ihnen ja, was Sie längst wissen. Ihr Geld war immer für ihren Neffen, Hugo Drake, und seine Frau bestimmt, die gleichzeitig seine Kusine und also eine Nichte von Mrs. Levin-Smith war. Wenn einer von ihnen vor ihr sterben sollte, ging das Geld an den Überlebenden. Aber das, was dann angeblich ihr Letzter Wille war, wurde drei Wochen vor ihrem Tod geschrieben und nicht wie bisher von unserer Firma aufgesetzt. Es war ein Kodizill in ihrer eigenen Handschrift. Ein paar Stiftungen waren darin – nicht so viele wie vorher –, die Dienerschaft bekam überhaupt keine Legate, und der gesamte Rest ihres nicht unbeträchtlichen Vermögens ging an Olga Seminoff als Dank für ihre treuen Dienste und die Liebe, die sie ihr erwiesen hatte. Eine erstaunliche Bestimmung, die so völlig im Gegensatz zu dem stand, was Mrs. Levin-Smith bis dahin getan hatte."

„Und dann?" fragte Poirot.

„Sie haben wahrscheinlich von den Ermittlungen gehört. Handschriftenexperten konnten eindeutig nachweisen, daß das Kodizill eine Fälschung war. Es hatte nur eine entfernte Ähnlichkeit mit Mrs. Levin-Smith' Handschrift, mehr nicht. Mrs. Levin-Smith hatte etwas gegen maschinengeschriebene Briefe und hatte Olga öfter ihre persönlichen Briefe schreiben lassen und ihr aufgetragen, soweit wie möglich, ihre Handschrift zu kopieren. Manchmal hatte sie Olga sogar die Briefe unterschreiben lassen. Sie hatte also Übung. Offensichtlich ist das Mädchen dann, als Mrs. Levin-Smith tot war, einen Schritt weitergegangen und hat gedacht, man würde die Fälschung nicht merken und die Handschrift als die ihrer Arbeitgeberin akzeptieren. Aber bei Experten kommt man da nicht weit. Nein, wirklich nicht."

„Und es wurden bereits Schritte eingeleitet, um das Testament anzufechten?"

„Ja. Natürlich verzögerte sich das Ganze noch, ehe es vor Gericht kommen konnte, wie das bei gerichtlichen Dingen üblich ist. Und währenddessen verlor die junge Dame die Nerven und – nun ja, Sie sagten es ja eben: Sie verschwand."

13

Nachdem Hercule Poirot sich verabschiedet hatte und gegangen war, blieb Jeremy Fullerton noch an seinem Schreibtisch sitzen. Seine Finger trommelten leise auf der Tischplatte, sein Blick ging gedankenverloren ins Leere.

Er ergriff ein Papier, das vor ihm lag, und senkte seine Augen darauf, aber ohne etwas zu sehen. Seine Gedanken waren in der Vergangenheit. Zwei Jahre – fast zwei Jahre war es her –, und dieser seltsame kleine Mann mit seinen

Lackschuhen und seinem großen Schnurrbart hatte mit seinen Fragen alles wieder zurückgebracht.

Jetzt erlebte er in Gedanken noch einmal eine Unterhaltung, die er vor fast zwei Jahren geführt hatte.

In dem Stuhl gegenüber sah er noch einmal ein Mädchen, klein, untersetzt – die olivbraune Haut, den dunkelroten großen Mund, die vorstehenden Backenknochen und die Wildheit, mit der ihn ihre blauen Augen unter schweren schwarzen Augenbrauen hervor ansahen. Ein leidenschaftliches Gesicht, vital, ein Gesicht, das Leid kennengelernt hatte – wahrscheinlich nie ohne Leid sein würde –, aber niemals lernen würde, Leid hinzunehmen. Eine Frau, die bis zum Schluß kämpfen und protestieren würde. Wo mochte sie jetzt sein? Auf irgendeine Weise war es ihr gelungen – was eigentlich war ihr gelungen? Wer hatte ihr geholfen? Hatte ihr überhaupt jemand geholfen? Jemand mußte es getan haben.

Jeremy Fullerton war ein Verteidiger des Gesetzes. Er glaubte an das Gesetz und verachtete die modernen Richter mit ihren milden Strafen und ihrer Einsicht in psychologische Erkenntnisse. Und doch – trotz seines tief wurzelnden Glaubens an die gerechte Anwendung des Gesetzes war Fullerton ein Mann, der Mitleid haben konnte. Er konnte mit den Menschen fühlen. Er konnte auch mit Olga Seminoff fühlen, und sie tat ihm leid, obgleich ihn ihre leidenschaftlich vorgebrachten Argumente völlig unberührt ließen.

„Ich bin um Hilfe zu Ihnen gekommen. Ich dachte, Sie helfen mir. Sie waren voriges Jahr gut zu mir. Sie haben mir mit den Formularen geholfen, damit ich noch ein Jahr in England bleiben konnte."

„Die Umstände, die Sie hier als Beispiel anführen" – und Mr. Fullerton erinnerte sich, wie trocken und kalt er das gesagt hatte, noch trockener und kälter wegen des Mitleids, das hinter seinen Worten lag –, „treffen jetzt nicht zu. In diesem Falle bin ich nicht in der Lage, Ihnen Rechtsbeistand zu leisten. Ich vertrete bereits die Familie Drake. Wie Sie wissen, war ich Mrs. Levin-Smith' Rechtsanwalt."

„Aber sie ist tot. Sie braucht keinen Anwalt, wenn sie tot ist."

„Sie mochte Sie sehr gern", sagte Mr. Fullerton.

„Ja, das tat sie. Das sage ich ja. Deswegen wollte sie mir das Geld geben."

„All ihr Geld?"

„Warum nicht? Warum nicht? Sie mochte ihre Verwandten nicht."

„Das stimmt nicht. Sie hatte ihre Nichte und ihren Neffen sehr gern."

„Na gut, vielleicht hat sie Mr. Drake gemocht, aber Mrs. Drake mochte sie nicht. Sie ging ihr auf die Nerven. Mrs. Drake mischte sich in alles ein. Sie ließ Mrs. Levin-Smith nicht tun, was sie wollte. Sie ließ sie nicht essen, was sie wollte."

„Mrs. Drake ist eine sehr gewissenhafte Frau, und sie hat versucht, ihre Tante dazu zu bewegen, die Anordnungen des Arztes zu befolgen."

„Die Menschen wollen die Anordnungen des Arztes nicht immer befolgen. Sie wollen nicht immerzu von Verwandten gegängelt werden. Sie wollen ihr eigenes Leben leben und tun, was sie wollen, und haben, was sie wollen. Sie hatte eine Menge Geld. Sie konnte haben, was sie wollte! Sie konnte alles haben, was ihr gefiel. Sie war reich – reich – reich, und sie konnte mit ihrem Geld machen, was sie wollte. Mr. und Mrs. Drake haben schon genug Geld. Sie haben ein schönes Haus und Kleider und zwei Autos. Sie sind sehr wohlhabend. Warum sollen sie noch mehr haben?"

„Es sind ihre einzigen lebenden Angehörigen."

„Sie wollte, daß *ich* das Geld bekomme. Ich tat ihr leid. Sie wußte, was ich durchgemacht hatte. Sie wußte von meinem Vater, wie er verhaftet und von der Polizei weggeschafft wurde. Meine Mutter und ich, wir haben ihn nie wiedergesehen. Und dann meine Mutter, und wie sie gestorben ist. Meine ganze Familie ist tot. Was ich durchgemacht habe, ist entsetzlich. Sie wissen nicht, wie es ist, wenn man in einem Polizeistaat lebt. Nein, nein. Sie sind auf der Seite der Polizei. Sie sind nicht auf *meiner* Seite."

„Nein", sagte Mr. Fullerton, „ich bin nicht auf Ihrer Seite. Es tut mir sehr leid, daß Sie das alles durchmachen mußten, aber an Ihren jetzigen Schwierigkeiten sind Sie selbst schuld."

„Das ist nicht wahr! Es stimmt nicht, daß ich etwas getan habe, was ich nicht tun sollte. Was habe ich denn getan? Ich war gut zu ihr, ich war nett zu ihr. Ich habe ihr lauter Sachen gebracht, die sie nicht essen durfte. Schokolade und Butter. Immer nur Pflanzenfette. Sie mochte Pflanzenfette nicht. Sie wollte Butter haben. Sie wollte viel Butter haben."

„Es geht hier nicht nur um Butter", sagte Mr. Fullerton.

„Ich habe für sie gesorgt, ich war nett zu ihr! Und sie war dankbar. Und jetzt, wo sie tot ist und ich herausfinde, daß sie in ihrer Güte und ihrer Zuneigung ein unterschriebenes Papier hinterlassen hat und ich ihr ganzes Geld bekommen soll, da kommen diese Drakes und sagen, daß ich es *nicht* haben soll. Sie sagen alles mögliche. Daß ich einen schlechten Einfluß auf sie hatte. Und dann sagen sie noch Schlimmeres. Viel Schlimmeres. Sie sagen, daß *ich* das Testament geschrieben habe. Das ist Unsinn. *Sie* hat es geschrieben. *Sie* hat es geschrieben. Und dann hat sie mich aus dem Zimmer geschickt. Sie hat die Putzfrau und Jim, den Gärtner, kommen lassen. Sie hat gesagt, sie müssen unterschreiben, nicht ich. Weil ich das ganze Geld bekommen soll. Warum soll ich das Geld nicht haben? Warum soll ich nicht auch einmal ein bißchen Glück im Leben haben? Es war alles so schön, so herrlich. Was ich alles geplant habe, seitdem ich davon weiß!“

„Gewiß, gewiß.“

„Warum soll ich keine Pläne machen? Warum soll ich mich nicht freuen? Ich will glücklich sein und reich und will alles haben, was mir gefällt. Was habe ich denn falsch gemacht? Nichts. *Nichts*. Ich sage Ihnen, *nichts*.“

„Ich habe versucht, es Ihnen zu erklären“, sagte Mr. Fullerton.

„Das sind alles Lügen. Sie sagen, *ich* lüge. Sie sagen, ich habe das Testament selbst geschrieben. Ich habe es nicht geschrieben. Sie hat es geschrieben. Niemand darf etwas anderes sagen.“

„Es gibt Leute, die dazu sehr viel zu sagen haben“, sagte Mr. Fullerton. „Jetzt hören Sie mir mal zu. Lassen Sie Ihre Proteste, und hören Sie mir zu. Es stimmt doch, daß Mrs. Levin-Smith Sie oft gebeten hat, in den Briefen, die Sie für sie geschrieben haben, ihre Handschrift so gut zu kopieren, wie Sie irgend können? Das hat sie getan, weil sie der altmodischen Ansicht war, daß es unhöflich ist, an Freunde und nahe Bekannte Briefe mit der Maschine zu schreiben. Diese Ansicht stammt noch aus viktorianischer Zeit. Heutzutage ist es den Leuten gleichgültig, ob sie einen mit der Hand oder mit der Maschine geschriebenen Brief bekommen. Aber in Mrs. Levin-Smith’ Augen war das eine Unhöflichkeit. Verstehen Sie, was ich sage?“

„Ja. Und deshalb hat sie mich gebeten. Sie sagt: ‚Also, Olga‘, sagt sie, ‚diese vier Briefe beantworten Sie, wie ich Ihnen gesagt habe und wie Sie es stenografiert haben. Aber Sie schreiben sie mit der Hand, und machen Sie Ihre Schrift meiner so ähnlich wie möglich.‘ Und sie hat mir gesagt, ich soll ihre Schrift üben, ich soll aufpassen, wie sie ihre A und B macht und ihre L und all die anderen Buchstaben. ‚Solange es ungefähr wie meine Schrift aussieht, genügt das‘, hat sie gesagt. ‚Und dann können Sie mit meinem Namen unterschreiben. Ich will nicht, daß die Leute denken, ich kann meine eigenen Briefe nicht mehr schreiben. Obgleich, wie Sie wissen, die Arthritis in meinen Handgelenken schlimmer wird und es mir immer schwerer fällt. Aber ich will nicht, daß meine persönlichen Briefe mit der Maschine geschrieben werden.‘“

„Sie hätten sie in Ihrer eigenen Schrift schreiben können“, sagte Mr. Fullerton, „und zum Schluß eine Bemerkung anfügen, ‚durch die Sekretärin‘, oder Ihre Initialen, wenn Ihnen das mehr zugesagt hätte.“

„Das wollte sie nicht. Sie wollte, daß man denken sollte, die Briefe kommen von ihr persönlich.“

Und das, dachte Mr. Fullerton, konnte stimmen. Es sah ganz wie Louise Levin-Smith aus. Es hatte sie immer aufgebracht, daß sie nicht mehr alles so konnte wie früher, daß sie nicht mehr lange laufen oder schnell bergauf gehen oder bestimmte Dinge mit ihren Händen, besonders der rechten Hand, tun konnte. Sie wollte immer sagen können: „Es geht mir ausgezeichnet, mir fehlt nichts, und ich kann alles tun, was ich mir vornehme.“ Ja, was Olga ihm da erzählte, war bestimmt die Wahrheit, und weil es die Wahrheit war, hatte es mit dazu beigetragen, daß das Kodizill, dem richtig aufgesetzten und von Louise Levin-Smith unterzeichneten Testament angefügt, zunächst ohne Vorbehalte anerkannt worden war. Erst hier, in seinem Anwaltsbüro, überlegte Mr. Fullerton, war Mißtrauen wach geworden, weil er und sein jüngerer Partner Mrs. Levin-Smith’ Handschrift sehr gut kannten.

Der junge Cole hatte als erster gesagt: „Wissen Sie, ich kann nicht recht glauben, daß Louise Levin-Smith dieses Kodizill geschrieben hat. Ich weiß, sie hatte in letzter Zeit Arthritis, aber sehen Sie sich doch mal die Schriftproben an, die ich aus ihren Papieren herausgesucht habe. Mit dem Kodizill stimmt etwas nicht."

Mr. Fullerton war auch der Meinung, daß etwas nicht stimmte. Er hatte gesagt, sie wollten einen Fachmann in dieser Frage hören. Die Antwort war eindeutig gewesen. Die Meinungen verschiedener Experten hatten übereingestimmt. Die Schrift, in der das Kodizill geschrieben war, war eindeutig nicht die Handschrift von Louise Levin-Smith. Wenn Olga weniger gierig gewesen wäre, dachte Mr. Fullerton, wenn sie sich damit zufriedengegeben hätte, ein Kodizill zu schreiben, das wie dieses begonnen hätte – „Wegen ihrer großen Sorgfalt und Aufmerksamkeit, wegen ihrer Zuneigung und Güte, die sie mir erwiesen hat, vermache ich ..." –, und wenn sie dann eine schöne runde Summe genannt hätte, die dem treuen *Au-pair*-Mädchen hinterlassen werden sollte, dann hätte die Familie das zwar vielleicht für übertrieben gehalten, es aber ohne Mißtrauen akzeptiert. Aber die Familie ganz zu enterben, den Neffen, der in allen vier Testamenten, die sie in einem Zeitraum von zwanzig Jahren gemacht hatte, der Haupterbe seiner Tante gewesen war, und alles dem fremden Mädchen Olga Seminoff zu vermachen – das war nicht Louise Levin-Smith' Art. Nein. Sie war gierig, dieses heißblütige, leidenschaftliche Kind. Möglicherweise hatte Mrs. Levin-Smith ihr erzählt, daß sie ihr eine kleine Summe hinterlassen werde. Und da hatte sich für Olga plötzlich ein Ausblick geöffnet. Sie würde alles haben. Die alte Dame würde alles ihr vermachen, und sie würde *all* ihr Geld haben. All ihr Geld und das Haus und die Kleider und den Schmuck. Alles. Ein gieriges Mädchen. Und jetzt ereilte sie die Strafe.

Und Mr. Fullerton hatte Mitleid mit ihr – gegen seinen Willen, gegen seinen Instinkt als Jurist und gegen noch vieles andere. Großes Mitleid. Sie hatte von Kindheit an Schweres durchgemacht, hatte das Unterdrücktsein in einem Polizeistaat kennengelernt, hatte ihre Eltern verloren, einen Bruder und eine Schwester, war Ungerechtigkeit begegnet und hatte die Angst kennengelernt, und das alles hatte in ihr einen Charakterzug zur Entwicklung gebracht, mit dem sie zweifellos geboren war, den sie aber bisher nie hatte ausleben können. Es hatte eine kindische, leidenschaftliche Gier in ihr geweckt.

„Alle sind gegen mich", sagte Olga. „Alle. Sie sind gegen mich. Sie sind nicht gerecht, weil ich Ausländerin bin, weil ich nicht in Ihr Land gehöre, weil ich nicht weiß, was ich sagen muß und was ich tun muß. Was *kann* ich tun? Warum sagen Sie mir nicht, was ich tun kann?"

„Weil ich im Grunde nicht glaube, daß Sie viel tun können", sagte Mr. Fullerton. „Die beste Chance haben Sie, wenn Sie alles offen eingestehen."

„Wenn ich das sage, was Sie wollen, dann ist das eine Lüge und die Unwahrheit. Sie hat das Testament gemacht. Sie hat es aufgeschrieben. Dann hat sie mir gesagt, ich soll aus dem Zimmer gehen, und die anderen haben unterschrieben."

„Es gibt Beweise, die gegen Sie sprechen. Es gibt Leute, die sagen werden, daß Mrs. Levin-Smith oft nicht wußte, was sie unterschrieb. Sie ging mit den verschiedensten Dokumenten um, und sie las das, was ihr vorgelegt wurde, nicht noch einmal durch."

„Dann hat sie nicht gewußt, was sie sagte."

„Mein liebes Kind", sagte Mr. Fullerton, „Ihre einzige Hoffnung liegt in der Tatsache, daß Sie nicht vorbestraft sind, daß Sie Ausländerin sind und nur rudimentäre Kenntnisse der englischen Sprache haben. Sie werden vielleicht mit einer milden Strafe davonkommen – oder Sie bekommen vielleicht sogar Bewährung."

„Oh, Worte. Nichts als Worte. Man wird mich ins Gefängnis werfen und nie wieder freilassen."

„Jetzt reden Sie Unsinn“, sagte Mr. Fullerton.

„Es wäre besser, ich renne weg und verstecke mich, daß niemand mich findet.“

„Wenn erst einmal ein Haftbefehl für Sie ausgeschrieben ist, wird man Sie finden.“

„Nicht, wenn ich es schnell tue. Nicht, wenn ich sofort gehe. Nicht, wenn mir jemand hilft. Ich könnte fliehen. Aus England fliehen. In einem Schiff oder Flugzeug. Ich könnte jemanden finden, der Pässe fälscht oder Visa oder was man dazu braucht. Jemanden, der etwas für mich tut. Ich habe Freunde. Ich habe Menschen, die mich gern haben. Jemand könnte mir helfen zu verschwinden. Das brauche ich jetzt. Ich könnte eine Perücke aufsetzen. Ich könnte an Krücken gehen.“

„Hören Sie“, hatte Mr. Fullerton gesagt, und er hatte mit Bestimmtheit gesprochen. „Sie tun mir leid. Ich werde Sie an einen Anwalt empfehlen, der sein Bestes für Sie tun wird. Sie können nicht verschwinden. Sie reden wie ein Kind.“

„Ich habe genug Geld. Ich habe Geld gespart.“ Und dann hatte sie gesagt: „Sie versuchen, nett zu mir zu sein. Ja, das glaube ich. Aber Sie wollen nichts tun, weil es das Gesetz will – das Gesetz. Aber es wird mir schon jemand helfen. Jemand wird es schon tun. Und ich werde fliehen, und niemand wird mich finden.“

Niemand, dachte Mr. Fullerton, hatte sie gefunden. Er fragte sich – ja, er fragte sich sogar sehr –, wo sie jetzt sein konnte.

14

Im „Haus Apfelbaum“ wurde Hercule Poirot ins Wohnzimmer geführt, und man sagte ihm, daß Mrs. Drake gleich kommen werde.

Als er durch die Diele ging, hörte er hinter der Tür zum Eßzimmer weibliches Stimmengewirr.

Poirot ging hinüber zum Wohnzimmerfenster und besah sich den gepflegten und hübschen Garten. Gut angelegt und streng in Ordnung gehalten. Wildwuchernde Herbstastern, die noch üppig blühten, waren säuberlich an Stöcke gebunden; auch die Chrysanthemen hatten es noch nicht aufgegeben, und hier und da trotzten sogar noch einige standhafte Rosen dem nahenden Winter.

Poirot konnte bis jetzt nichts bemerken, was auch nur auf die Vorarbeit eines Gartenarchitekten hätte schließen lassen. Überall war nur Sorgfalt und Konventionalität zu erblicken. Er fragte sich, ob Michael Garfield vielleicht an Mrs. Drake gescheitert war. Jedenfalls hatte er für sie seine Köder vergebens ausgeworfen. Alle Zeichen sprachen dafür, daß dieser Garten ein hervorragend gepflegter, gutbürgerlicher Garten bleiben würde.

Die Tür öffnete sich.

„Entschuldigen Sie, daß ich Sie habe warten lassen, Monsieur Poirot", sagte Mrs. Drake.

Aus der Diele klang allmählich abnehmendes Stimmengewirr, als man sich verabschiedete und ging.

„Unsere Weihnachtsfeier von der Kirche", erklärte Mrs. Drake. „Der Festausschuß hat sich getroffen, um alles zu besprechen. So etwas dauert immer viel länger als nötig. Irgend jemand hat immer etwas einzuwenden oder einen Vorschlag zu machen – der sich dann immer als ganz unmöglich herausstellt."

Ihr Ton klang leicht gereizt. Poirot konnte sich gut vorstellen, wie Rowena Drake energisch und unumstößlich etwas als absurd ablehnte. Er hatte dem, was Spences Schwester und andere Leute über Rowena Drake bemerkt hatten, entnommen, daß sie zu den herrischen Persönlichkeiten gehörte, von denen jeder erwartet, daß sie alles in die

Hand nehmen, und die dafür keine Liebe ernten. Er konnte sich auch vorstellen, daß ihre Art der Gewissenhaftigkeit nicht gerade den Beifall einer älteren Verwandten gefunden hatte, die ihr im Grunde sehr ähnlich war. Wahrscheinlich hatte Mrs. Levin-Smith vor sich selbst zugegeben, daß sie Rowena viel zu verdanken hat, hatte sich aber gleichzeitig von ihrer herrschsüchtigen Art abgestoßen gefühlt.

„So, jetzt sind alle weg", sagte Rowena Drake, als sich die Haustür zum letztenmal geschlossen hatte. „Was kann ich für Sie tun? Ist es immer noch diese entsetzliche Kindergesellschaft? Ich wünschte, es hätte sie nie gegeben. Aber keins der anderen Häuser schien wirklich geeignet. Ist Mrs. Oliver noch bei Judith Butler?"

„Ja. Ich glaube, sie fährt in ein paar Tagen nach London zurück. Sie haben sie vorher nicht gekannt?"

„Nein. Ich mag ihre Bücher sehr gern."

„Ich glaube, sie ist eine sehr gute Autorin", sagte Poirot.

„O ja. Zweifellos. Sie ist auch eine sehr amüsante Person. Hat sie eigentlich irgendeine Vorstellung – ich meine, wer diese entsetzliche Sache getan hat?"

„Ich glaube nicht. Und Sie, Madame?"

„Ich hab' es Ihnen doch schon gesagt. Ich habe nicht die geringste Ahnung."

„Sie sagen das vielleicht, und trotzdem – könnten Sie vielleicht nicht doch ahnen, nur *ahnen*, wer es getan hat? Eine noch nicht ganz fertige Vorstellung haben? Eine *mögliche* Vorstellung?"

„Wie kommen Sie denn darauf?"

Sie sah ihn neugierig an.

„Sie könnten etwas gesehen haben – etwas ganz Kleines und Unwichtiges, was Ihnen nach einigem Nachdenken doch wichtiger erscheint, als Sie zuerst dachten."

„Sie müssen dabei an etwas Bestimmtes denken, Monsieur Poirot, einen ganz bestimmten Vorfall."

„Schön, ich geb's zu. Ich komme darauf, weil mir jemand etwas erzählt hat."

„Ach. Und wer war das?"

„Eine Miss Whittaker. Eine Lehrerin."

„O ja, natürlich. Elizabeth Whittaker. Sie ist die Mathematiklehrerin, nicht wahr? Stimmt, sie war bei dem Kinderfest dabei, ich erinnere mich jetzt. Hat sie etwas gesehen?"

„Es handelt sich nicht so sehr darum, daß sie etwas gesehen hat, als daß sie denkt, *Sie* könnten etwas gesehen haben."

Mrs. Drake sah überrascht aus und schüttelte den Kopf.

„Ich kann mich auf nichts besinnen, was ich gesehen haben könnte", sagte Rowena Drake. „Aber man kann natürlich nie wissen."

„Es hat mit einer Vase zu tun", sagte Poirot. „Mit einer Blumenvase."

„Einer Blumenvase?" Rowena Drake sah verdutzt aus. Dann glättete sich plötzlich ihre Stirn. „O ja, natürlich. Jetzt weiß ich. Eine große Vase mit Herbstlaub und Chrysanthemen stand auf dem Tisch am Treppenabsatz. Eine sehr schöne Kristallvase. Eins von meinen Hochzeitsgeschenken. Die Blätter schienen mir zu hängen und ein paar von den Blumen auch. Ich erinnere mich, daß mir das auffiel, als ich durch die Diele ging – ich glaube, es war zum Ende des Festes hin, aber ich bin nicht sicher –, und ich fragte mich, wie das kommt, und ging hinauf und stippte mit dem Finger hinein und merkte, daß irgendein Idiot vergessen hatte, Wasser einzufüllen. Ich war sehr böse. Dann habe ich die Vase ins Badezimmer gebracht und gefüllt. Aber was kann ich im Badezimmer gesehen haben? Es war niemand drin. Das weiß ich ganz genau. Ich glaube, ein oder zwei von den älteren Mädchen und Jungen hatten im Verlauf des Abends ein bißchen dort rumgeknutscht, aber als ich mit der Vase hineinkam, war niemand drin."

„Nein, nein, das meine ich auch nicht“, sagte Poirot. „Aber soviel ich verstanden habe, geschah dann ein kleines Malheur. Die Vase glitt Ihnen aus der Hand und fiel hinunter in die Diele.“

„O ja“, sagte Rowena. „Sie ging in tausend Stücke. Ich war ziemlich unglücklich darüber, weil sie, wie ich ja schon gesagt habe, eins von unseren Hochzeitsgeschenken war, und sie war wirklich ideal, schwer genug für große Herbststräuße und ähnliches. Es war wirklich sehr ungeschickt von mir. Aber so etwas passiert einem eben. Meine Finger glitten ab. Und sie fiel mir aus der Hand und hinunter in die Diele. Elizabeth Whittaker stand gerade da. Sie hat mir dann geholfen, die Scherben aufzusammeln und aus dem Weg zu schieben, damit niemand hineintrat. Wir fegten sie nur in die Ecke bei der Standuhr, weggeräumt sollten sie erst später werden.“

Sie sah Poirot fragend an.

„War es das, woran Sie dachten?“ fragte sie.

„Ja“, sagte Poirot. „Miss Whittaker wunderte sich, warum Sie die Vase hatten fallen lassen. Sie dachte, daß Sie vielleicht erschreckt worden seien.“

„Erschreckt?“ Rowena Drake sah ihn an und runzelte dann die Stirn in dem Versuch, sich zu erinnern. „Nein, ich glaube nicht, daß mich etwas erschreckt hat. Es ist einfach passiert. Manchmal fallen einem eben Sachen aus der Hand, beim Abwaschen zum Beispiel. Ich glaube, das hat mit Müdigkeit zu tun. Ich war schon ganz schön müde nach den Vorbereitungen für das Fest – und dann das Fest selbst und so weiter. Aber es klappte alles sehr gut, das muß ich schon sagen. Ich glaube, es war einfach eine Ungeschicklichkeit, wie sie einem passiert, wenn man müde ist.“

„Und Sie sind ganz sicher, daß Sie nichts erschreckt hat? Daß Sie nichts Unerwartetes gesehen haben?“

„Gesehen? Wo? Unten in der Diele? In der Diele habe

ich nichts gesehen. Sie war zu dem Zeitpunkt leer, weil alle beim Feuerdrachen waren – außer Miss Whittaker natürlich. Und ich glaube, ich habe sie gar nicht bemerkt, bis sie kam und mir half."

„Haben Sie vielleicht gesehen, wie jemand von der Tür zur Bibliothek wegging?"

„Von der Tür zur Bibliothek ... Jetzt verstehe ich. Ja, das *hätte* ich sehen können." Sie schwieg eine ganze Weile und sah dann Poirot mit festem und geradem Blick an. „Ich habe *niemanden* von der Tür zur Bibliothek weggehen sehen", sagte sie. „Absolut niemanden ..."

Er hatte seine Zweifel. Die Art, in der sie das gesagt hatte, brachte ihn auf den Gedanken, daß sie nicht die Wahrheit sagte, daß sie vielmehr jemanden oder etwas gesehen hatte, vielleicht nur, wie die Tür sich ein wenig öffnete. Warum, fragte er sich, hatte sie mit solchem Nachdruck gesprochen? Weil die Person, die sie da gesehen hatte, jemand war, von dem sie auch nicht einen Augenblick lang annehmen wollte, daß er etwas mit diesem Verbrechen zu tun hatte? Jemand, an dem ihr etwas lag, oder jemand – und das war wahrscheinlicher, dachte er –, den sie schützen wollte? Vielleicht jemand, der noch fast ein Kind war, von dem sie annahm, daß ihm nicht wirklich bewußt war, was er da Entsetzliches getan hatte.

Er hielt sie für eine harte, aber integre Frau. Sie gehörte zu dem Frauentyp, den man oft bei Richterinnen oder Vorsitzenden von Beiräten und karitativen Verbänden antrifft und der immer dabei ist, wenn es darum geht, das zu tun, was man früher ‚gute Werke' nannte. Diese Frauen hatten einen außerordentlich festen Glauben an mildernde Umstände und waren seltsamerweise immer bereit, Entschuldigungen zu finden, vor allem bei jungen Kriminellen – sie waren starre und kritische Frauen, außer in diesen Fällen.

„So", sagte Poirot. „So."

„Halten Sie es nicht für möglich, daß Miss Whittaker gesehen hat, wie jemand in die Bibliothek hineingegangen ist?" schlug Mrs. Drake vor.

Poirot zeigte sofort Interesse.

„Ah, Sie meinen, so könnte das gewesen sein?"

„Es scheint mir nur möglich. Es kann doch sein, daß sie gesehen hat, wie jemand in die Bibliothek ging, vielleicht fünf Minuten vorher oder so, und als ich dann die Vase fallen ließ, kam ihr der Gedanke, daß ich vielleicht dieselbe Person auch gesehen hatte. Daß ich vielleicht sogar gesehen hatte, wer es war. Vielleicht ist es ihr unangenehm, etwas zu sagen, was eine Person belasten könnte, von der sie nicht einmal genau weiß, ob sie sie wirklich gesehen hat, weil es ein viel zu flüchtiger Augenblick war. Vielleicht war es ein Kind oder ein älterer Junge, den sie nur von hinten gesehen hat."

„Sie sind doch der Meinung, Madame, daß es – sagen wir mal: ein Kind war – ein Mädchen oder Junge oder ein Halbwüchsiger? Sie haben noch keine endgültige Meinung darüber, aber Sie glauben, daß das Kind oder der Jugendliche der wahrscheinlichste Typ für dieses Verbrechen ist."

Sie überlegte lange.

„Ja", sagte sie schließlich, „das wird wohl stimmen. Ich habe noch nicht darüber nachgedacht. Aber ich habe den Eindruck, daß heutzutage viele Verbrechen von Jugendlichen begangen werden. Von Menschen, die nicht recht wissen, was sie tun, die irgendwelche albernen Rachetaten begehen und einen ungeheuren Zerstörungstrieb haben. Meinen Sie nicht, daß so etwas hier am wahrscheinlichsten in Frage kommt?"

„Die Polizei, glaube ich, ist derselben Ansicht wie Sie – oder war es jedenfalls."

„Und die sollte es wissen. Wir haben sehr gute Polizeibeamte in unserem Bezirk. Sie haben schon in verschiedenen Fällen Ausgezeichnetes geleistet. Ich glaube, sie werden auch dieses Verbrechen aufklären, obgleich ich nicht annehme, daß dies sehr schnell gehen wird. So etwas dauert immer sehr lange. Es braucht seine Zeit, bis alles Beweismaterial zusammengetragen ist."

„Es wird in diesem Fall hier nicht einfach sein, das Beweismaterial zu sammeln, Madame."

„Nein, wahrscheinlich nicht. Als mein Mann umkam – er war ein Krüppel. Er ging gerade über die Straße und wurde von einem Auto überfahren. Man hat den Verantwortlichen nie gefunden. Wie Sie ja wissen – oder vielleicht wissen Sie es auch nicht –, mein Mann hatte Kinderlähmung gehabt. Er war teilweise gelähmt, nachdem er sich sechs Jahre zuvor infiziert hatte. Es ging ihm besser, aber er war immer noch schwer behindert, und er konnte einem Auto nicht schnell ausweichen. Ich hatte fast das Gefühl, schuld an seinem Tod zu sein – obgleich er immer darauf bestand, alleine auszugehen, und es nicht ertragen konnte, von einer Krankenschwester betreut zu werden oder von seiner Frau in der Rolle der Krankenschwester, und er war beim Überqueren der Straße immer sehr vorsichtig. Aber trotzdem fühlt man sich schuldig, wenn dann ein Unfall passiert."

„Und das alles passierte auch noch, nachdem Sie schon Ihre Tante verloren hatten?"

„Nein. Sie ist kurz danach gestorben. Alles scheint immer auf einmal zu kommen, nicht wahr?"

„Sehr wahr", sagte Hercule Poirot. Dann fuhr er fort: „Die Polizei konnte das Auto, das Ihren Mann überfahren hatte, nicht identifizieren?"

„Es war, soweit ich mich entsinne, irgendeine sehr populäre Automarke. Das Auto war vom Marktplatz in Medchester gestohlen worden. Es gehörte einem Mr. Waterhouse, einem älteren Mann, der eine Samenhandlung in Medchester hat. Mr. Waterhouse ist ein sehr langsamer und vorsichtiger Autofahrer. Er war es auf keinen Fall gewesen, sondern ganz offensichtlich einer von diesen unverantwortlichen jungen Männern, die sich einfach fremde Autos aneignen."

„Sie sind also ganz sicher, daß es Fahrlässigkeit war und nicht vorsätzlicher Mord?"

„An so etwas habe ich nie gedacht", sagte Mrs. Drake und sah Poirot etwas erstaunt an. „Ich glaube auch nicht, daß die Polizei diese Möglichkeit je ernstlich in Erwägung gezogen hat. Es war ein Unfall. Ein sehr tragischer Unfall, der das Leben von vielen Menschen verändert hat, darunter auch meins."

„Aber im Fall von Joyce Reynolds kann von einem Unfall nicht die Rede sein. Die Hände, die den Kopf dieses Kindes unter Wasser drückten und ihn dort festhielten, bis der Tod eintrat, waren von einem festen Vorsatz gelenkt. Dem Vorsatz zu töten."

„Ich weiß, ich weiß. Es ist entsetzlich. Ich mag gar nicht daran denken, daran erinnert werden."

Sie stand auf und lief unruhig im Zimmer hin und her. Poirot fuhr erbarmungslos fort.

„Wir stehen hier immer noch vor der Frage nach dem Motiv."

„Ich habe das Gefühl, daß so ein Verbrechen überhaupt kein Motiv haben kann."

„Vielleicht jemand, dem seine Sicherheit am Herzen lag?"

„Sicherheit? Oh, Sie meinen –"

„Am selben Tag hatte das Mädchen ein paar Stunden zuvor damit geprahlt, daß sie einmal einen Mord gesehen habe."

„Joyce", sagte Mrs. Drake mit ruhiger Entschiedenheit,

„war ein sehr dummes, kleines Mädchen. Und, fürchte ich, nicht immer sehr wahrheitsliebend."

„Das sagen alle", sagte Hercule Poirot. „Wissen Sie, ich fange langsam an zu glauben, daß etwas, was alle sagen, wahr sein muß." Mit einem Seufzer fügte er hinzu: „Im allgemeinen ist es nämlich so."

Er erhob sich.

„Ich muß mich entschuldigen, Madame. Ich habe von schmerzlichen Dingen zu Ihnen gesprochen, Dingen, die mich eigentlich im Zusammenhang mit diesem Fall nichts angehen. Aber nach dem, was mir Miss Whittaker erzählt hatte, schien mir –"

„Warum lassen Sie sich nicht noch mehr von ihr erzählen?"

„Sie meinen –?"

„Sie ist Lehrerin. Sie weiß doch viel besser als ich, was die Kinder, die sie unterrichtet, für Anlagen haben."

Sie schwieg einen Augenblick und fügte dann hinzu:

„Oder Miss Emlyn."

„Die Schulleiterin?" Poirot sah überrascht aus.

„Ja. Sie kennt sich aus. Sie ist eine gute Psychologin. Sie haben gesagt, daß ich vielleicht ahnen könnte – eine noch nicht ganz fertige Vorstellung haben könnte –, wer Joyce getötet hat. Ich kann mir keine Vorstellung machen – aber Miss Emlyn vielleicht."

„Das ist ja sehr interessant ..."

„Ich meine nicht, daß sie *Beweise* hat. Ich meine, daß sie es einfach *weiß*. Sie könnte es Ihnen sagen – aber ich glaube nicht, daß sie's tun wird."

„Mir wird langsam klar", sagte Poirot, „daß ich noch einen langen Weg vor mir habe. Die Leute wissen etwas – aber sie erzählen es mir nicht." Er sah Rowena Drake nachdenklich an. „Ihre Tante, Mrs. Levin-Smith, hatte ein *Au-pair*-Mädchen, das für sie sorgte, eine Ausländerin."

„Sie scheinen den ganzen Ortsklatsch zu kennen." Rowenas Ton war trocken. „Ja, stimmt. Sie hat den Ort sehr bald nach dem Tod meiner Tante verlassen."

„Aus gutem Grund, scheint es."

„Ich weiß nicht, ob das, was ich jetzt sage, Verleumdung oder üble Nachrede ist – aber es scheint festzustehen, daß sie ein Kodizill zum Testament meiner Tante gefälscht hat – oder daß ihr jemand dabei geholfen hat."

„Jemand?"

„Sie war mit einem jungen Mann befreundet, der bei einem Rechtsanwalt in Medchester arbeitete. Er war schon einmal in eine Fälschung verwickelt gewesen."

„Ich danke Ihnen für alles, was Sie mir erzählt haben, Madame", sagte er.

Nachdem Poirot das Haus verlassen hatte, bog er von der Hauptstraße in einen Seitenweg ein, der den Namen ‚Kirchhofsweg' trug. Der Kirchhof ließ denn auch nicht lange auf sich warten. Er war offensichtlich erst in den letzten zehn Jahren angelegt worden, wahrscheinlich um mit der anwachsenden Bevölkerung von Woodleigh Common Schritt zu halten. Die Kirche, ein größerer, etwa zwei- bis dreihundert Jahre alter Bau, war von einem kleinen, voll ausgenutzten Friedhof umgeben. Ein Pfad führte über zwei Felder zum neuen Friedhof. Es war, dachte Poirot, ein sachlicher, moderner Friedhof mit passenden Sprüchen auf Marmor- oder Granitgrabsteinen, mit steinernen Urnen, Gemeißeltem und kleinen Blumen- und Strauchanpflanzungen. Ohne interessante alte Inschriften. Nichts für einen Antiquar. Sauber, gepflegt, ordentlich.

Er blieb stehen, um einen Grabstein zu betrachten. Er trug eine schlichte Inschrift. „Hier ruht Hugo Edmund Drake, gestorben am 20. März 19 . . Ruhe in Frieden!"

Noch von seiner letzten Begegnung mit der dynamischen

Rowena Drake beeindruckt, kam Poirot der Gedanke, daß Ruhe und Frieden dem Verstorbenen nicht unwillkommen gewesen sein konnten.

Auf dem Grabstein stand eine Urne aus Alabaster, die mit Blumen geschmückt war. Ein älterer Gärtner, der offensichtlich für die Grabpflege angestellt war, ließ Hacke und Besen sinken und kam auf Poirot zu, in der freudigen Hoffnung auf eine Unterhaltung.

„Sie sind hier fremd, Sir?“ sagte er.

„Sehr wahr“, sagte Poirot. „Ich bin ein Fremdling unter euch wie meine Väter vor mir.“

„Ah ja. Den Spruch haben wir auch oder was sehr Ähnliches. Dort drüben, in der anderen Ecke.“ Er fuhr fort: „War ein netter Herr, Mr. Drake. Körperbehindert, wissen Sie. Er hatte diese Kinderlähmung, so heißt das ja wohl, dabei kriegen das gar nicht immer nur Kinder. Auch Erwachsene. Männer und Frauen.“

„Er ist aber bei einem Unfall ums Leben gekommen, nicht wahr?“

„Stimmt. Ging gerade über die Straße, es war in der Dämmerung. Eins von diesen Autos kommt angerast mit zwei von diesen vollbärtigen Halbstarken. So wird jedenfalls gesagt. Haben nicht mal angehalten. Sind weitergefahren. Haben sich überhaupt nicht drum gekümmert. Ließen das Auto irgendwo auf einem Parkplatz stehen. War gar nicht ihr Auto. Sie hatten es gestohlen, von einem anderen Parkplatz. Ja, furchtbar, diese vielen Unfälle heutzutage. Und die Polizei kann oft gar nichts tun. Seine Frau hing sehr an ihm. War sehr schwer getroffen. Sie kommt fast jede Woche her und legt Blumen um die Urne. Ja, sie waren ein sehr liebevolles Ehepaar. Wenn Sie mich fragen, sie wird nicht mehr lange hier bleiben.“

„Wirklich? Aber sie hat doch ein sehr schönes Haus hier.“

„Ja, o ja. Und sie macht viel im Ort. All so Sachen – Damenklubs und Tees und verschiedene Gesellschaften und so weiter. Zieht alles mögliche auf, für manche Leute ein bißchen zu viel. Herrschsüchtig, wissen Sie. Herrschsüchtig und mischt sich ein, sagen manche Leute. Aber der Pfarrer verläßt sich auf sie. Sie nimmt alles in die Hand. Den Frauenkreis und Freizeiten und Ausflüge. Ach ja. Ich denke schon oft, obwohl ich das meiner Frau nicht sagen würde, daß all diese guten Werke, die die Damen tun, einem die Damen selbst nicht lieber machen. Wissen immer alles besser. Sagen einem immerzu, was man tun soll und was nicht. Keine Freiheit. Heutzutage ist nirgends mehr viel Freiheit."

„Und Sie glauben trotzdem, daß Mrs. Drake wegziehen will?"

„Ich würde mich nicht wundern, wenn sie's täte und ins Ausland ginge. Sie waren gern im Ausland, fuhren im Urlaub immer hin."

„Warum will sie denn Ihrer Meinung nach hier wegziehen?"

Der alte Mann lächelte plötzlich spitzbübisch.

„Na, ich würde sagen, hier hat sie getan, was sie tun konnte. Wenn man es biblisch ausdrücken will: Sie braucht einen neuen Weinberg. Sie muß neue Werke tun. Hier in der Gegend sind keine guten Werke mehr übrig. Sie hat sie alle getan und, wie manche denken, sogar mehr als nötig. Ja."

„Sie braucht ein neues Betätigungsfeld?" fragte Poirot.

„Genau das. Jetzt kann sie woandershin gehen und dort den Laden in Schwung bringen und andere Leute rumkommandieren. Hier hat sie uns da, wo sie uns haben will, und sie kann nun eigentlich nichts mehr tun."

„Das ist natürlich möglich", sagte Poirot.

„Sie hat ja nicht mal mehr ihren Mann zu versorgen. Sie

hat ihn eine ganze Reihe von Jahren gepflegt. War eine Art Lebensinhalt für sie. Damit und mit ihren vielen anderen Tätigkeiten war sie die ganze Zeit beschäftigt. Sie ist ein Mensch, der am liebsten immerzu beschäftigt ist. Und Kinder hat sie nicht, leider. Und deshalb glaube ich, daß sie irgendwo anders wieder von vorn anfangen will."

„Da mögen Sie recht haben. Wo wird sie denn wohl hinziehen?"

„Das kann ich nicht sagen. Vielleicht an die Riviera – oder viele gehen ja auch nach Spanien oder Portugal. Oder die griechischen Inseln – ich hab' gehört, wie sie von Griechenland gesprochen hat. Mrs. Butler ist mit einer von diesen Reisegesellschaften in Griechenland gewesen."

„Die griechischen Inseln", murmelte Poirot. Dann fragte er: „Mögen Sie sie?"

„Mrs. Drake? Ich würde nicht gerade sagen, daß ich sie *mag*. Sie ist ein guter Mensch. Tut ihre Pflicht ihren Nachbarn gegenüber – aber sie braucht immer eine Menge Nachbarn, damit sie ihre Pflicht tun kann – und wenn Sie mich fragen, niemand mag Leute, die immerzu ihre Pflicht tun. Erzählt mir, wie ich meine Rosen beschneiden soll, was ich sehr gut alleine weiß. Immerzu hinter mir her, ich soll irgend so eine neue Art von Gemüse anbauen. Kohl ist gut genug für mich, und ich bleibe bei Kohl."

Poirot lächelte. Er sagte: „Ich muß gehen. Können Sie mir sagen, wo Nicholas Ransom und Desmond Holland wohnen?"

„An der Kirche vorbei, drittes Haus auf der linken Seite. Sie wohnen bei Mrs. Brand in Untermiete, fahren jeden Tag nach Medchester ins Technikum. Sie werden jetzt wohl zu Hause sein."

Er warf Poirot einen interessierten Blick zu.

„Daran denken Sie also. Es gibt welche, die genauso denken."

„Nein, ich denke noch an gar nichts. Aber sie waren dabei – das ist alles."

Als er sich verabschiedet hatte und weiterging, dachte er bei sich: Sie waren dabei – ich bin fast am Ende meiner Liste.

15

Zwei Paar Augen waren etwas ängstlich auf Poirot gerichtet.

„Ich weiß nicht, was wir Ihnen noch sagen können. Wir sind beide schon von der Polizei vernommen worden, Mr. Poirot."

Poirot sah von einem Jungen zum anderen. Sie selbst hätten sich nicht als Jungen bezeichnet; sie waren angestrengt darauf bedacht, sich wie Erwachsene zu benehmen. So sehr, daß man ihre Unterhaltung, wenn man die Augen schloß, für die zweier ehrwürdiger Clubmitglieder hätte halten können. Nicholas war achtzehn, Desmond sechzehn Jahre alt.

„Ich ziehe meine Erkundigungen einer Freundin zu Gefallen ein, und zwar bei denen, die nicht nur bei dem Kinderfest selbst, sondern auch bei den Vorbereitungen dabei waren. Sie waren doch beide dort?"

„Ja."

„Bis jetzt", sagte Poirot, „habe ich Putzfrauen interviewt, die Meinung der Polizei gehört, mich mit einem Arzt unterhalten – dem Arzt, der die Leiche als erster untersucht hat –, einer Lehrerin, die dabei war, Fragen gestellt, mit der Schulleiterin gesprochen und trauernden Hinterbliebenen und sehr viel Dorfklatsch gehört. Übrigens, wenn ich recht verstanden habe, haben Sie auch eine Dorfhexe?"

Die beiden jungen Männer lachten.

„Sie meinen Mutter Goodbody. Ja, sie war auch bei dem Kinderfest und hat die Hexe gespielt."

„Und jetzt", sagte Poirot, „bin ich zu der jüngsten Generation gekommen, die schärfer sieht und schärfer hört. Ich bin gespannt – sehr gespannt – darauf, Ihre Meinung zu der ganzen Angelegenheit zu hören."

Achtzehn und sechzehn, dachte er bei sich, während er die beiden Jungen betrachtete. Jugendliche für die Polizei, Jungen für ihn. Beide, vermutete er, durchaus nicht dumm, auch wenn ihr IQ nicht ganz so hoch war, wie er gerade angedeutet hatte – in dem Bemühen, ihnen zu schmeicheln und damit die Unterhaltung in Gang zu bringen. Sie waren bei dem Kinderfest gewesen. Sie waren auch vorher da gewesen und hatten Mrs. Drake geholfen, und sie waren zufällig auch noch im richtigen Alter, um für Inspektor Raglan und anscheinend auch für den alten Gärtner an der Spitze der Verdächtigen zu stehen.

Nicholas, der Achtzehnjährige, sah gut aus. Er trug Koteletten, sein Haar war im Nacken ziemlich lang, und er ging recht düster ganz in Schwarz gekleidet. Nicht aus Rücksicht auf die erst so wenige Tage alte Tragödie, sondern weil es offensichtlich sein persönlicher Geschmack war. Der Jüngere trug eine rosafarbene Samtjacke, violette Hosen und ein Rüschenhemd. Sie gaben beide anscheinend viel Geld für Kleidung aus, die ganz bestimmt nicht am Ort gekauft war und nicht von ihren Eltern oder Vormündern bezahlt wurde.

Desmonds rotes Haar stand in aufgeplusterter Fülle um seinen Kopf.

„Soweit ich weiß, waren Sie am Vormittag oder Nachmittag des Festtages bei den Vorbereitungen dabei?"

„Am frühen Nachmittag", korrigierte Nicholas.

„Bei welcher Art von Vorbereitungen haben Sie geholfen? Ich habe von mehreren Leuten über die Vorbereitungen gehört, bin mir aber nicht ganz klar darüber. Sie stimmen nicht alle überein.“

„Erst einmal bei der Beleuchtung.“

„Und dann sind wir auf Leitern herumgeklettert mit den Sachen, die erhöht angebracht werden mußten.“

„Wenn ich recht verstanden habe, hatten Sie auch sehr gutes fotografisches Material zu bieten.“

Desmond griff sofort in die Tasche, zog seine Brieftasche hervor, der er stolz eine Reihe von Fotografien entnahm.

„Die sind alle vorher gemacht worden“, sagte er. „Ehemänner für die Mädchen“, erklärte er. „Sind doch alle gleich, diese Bienen. Wollen alle den letzten Schrei. Keine schlechte Sammlung, was?“

Er reichte Poirot ein paar Fotos, ziemlich verschwommene Farbaufnahmen eines jungen Mannes mit rotem Bart, eines anderen mit einem Strahlenkranz von Haar und eines dritten, dessen Haare fast bis zu den Knien reichten. Außerdem waren noch verschiedene Backenbärte und andere Gesichtsverzierungen zu sehen.

„Wir haben jedes anders hingekriegt. Nicht schlecht, was?“

„Sie hatten wahrscheinlich Modelle?“

„Oh, das sind alles wir selbst. Nur zurechtgemacht, wissen Sie. Nick und ich haben die Aufnahmen gemacht. Ein paarmal hat Nick mich aufgenommen und ein paarmal ich ihn. Wir haben nur das, was man vielleicht das ‚Haar-Motiv‘ nennen kann, variiert.“

„Sehr gekonnt“, sagte Poirot.

„Wir haben sie ein bißchen verwackelt, damit sie mehr wie Geisterbilder aussahen.“

Der andere Junge sagte:

„Mrs. Drake haben sie gut gefallen. Sie hat uns gratuliert. Aber gelacht hat sie auch darüber. Wir haben vor allem Elektrikerarbeiten gemacht. Ein paar Lampen so angebracht, daß die Mädchen unsere Gesichter in ihrem Spiegel reflektiert sehen konnten."

„Wußten sie, daß das Sie und Ihr Freund waren?"

„Oh, das glaube ich nicht. Nicht beim Fest selbst. Sie wußten, daß wir vorher geholfen hatten, aber ich glaube nicht, daß sie uns im Spiegel erkannt haben. Dazu sind sie nicht schlau genug, würde ich sagen. Sie haben gekreischt und gequiekt. Irrsinnig komisch."

„Und die Leute, die am Nachmittag da waren? Ich frage Sie nicht nach den beim Fest Anwesenden."

„Bei dem Fest müssen es etwa dreißig Leute gewesen sein. Am Nachmittag waren natürlich Mrs. Drake da und Mrs. Butler. Eine von den Lehrerinnen, Whittaker heißt sie, glaube ich. Eine Mrs. Flatterbut oder so ähnlich. Sie ist die Schwester oder die Frau vom Organisten. Dr. Fergusons Sprechstundenhilfe, Miss Lee; es war ihr freier Nachmittag, und sie kam und half, und ein paar Kinder waren auch da, um sich nützlich zu machen. Sehr nützlich waren sie allerdings nicht, die Mädchen standen nur herum und kicherten."

„Ah ja. Wissen Sie noch, welche Mädchen da waren?"

„Also, die Reynolds waren da. Die arme Joyce natürlich. Das ist die, die umgebracht worden ist. Und ihre ältere Schwester, Ann. Ein entsetzliches Mädchen. Wahnsinnig eingebildet. Kommt sich sehr klug vor. Ist überzeugt, daß sie überall eine Eins kriegt. Und der Kleine, Leopold. Ein furchtbares Kind", sagte Desmond. „Er ist hinterhältig. Er belauscht die Leute. Erzählt alles weiter. Ein ekelhafter Kerl. Und dann waren Beatrice Ardley da und Cathie Grant, die ist ziemlich begriffsstutzig, und dann natürlich noch ein oder zwei Frauen, ich meine Putzfrauen. Und diese Schriftstellerin – die Sie geholt hat."

„Und Männer?"

„Der Pfarrer sah mal vorbei, wenn Sie den zählen. Netter

alter Herr, ein bißchen langsam. Und der neue Vikar. Wenn er nervös ist, stottert er. Ist noch nicht lange hier. Das sind alle, die mir jetzt einfallen."

„Und dann haben Sie, wenn ich recht verstanden habe, gehört, wie dieses Mädchen, Joyce Reynolds, gesagt hat, sie habe einen Mord gesehen."

„Davon habe ich nichts gehört", sagte Desmond. „Hat sie das gesagt?"

„Ja, es wird behauptet", sagte Nicholas. „Ich hab's auch nicht gehört. Ich nehme an, daß ich nicht im Zimmer war, als sie's gesagt hat. Wo war sie – als sie's gesagt hat, meine ich?"

„Im Wohnzimmer."

„Ja, stimmt, die meisten waren da, wenn sie nicht irgendwas Besonderes zu tun hatten. Nick und ich", sagte Desmond, „waren natürlich meist in dem Zimmer, in dem die Mädchen ihre zukünftige große Liebe im Spiegel sehen sollten. Beim Leitunglegen und so. Oder wir waren draußen auf der Treppe und montierten die Illumination an. Ein-, zweimal waren wir auch im Wohnzimmer und haben ein paar ausgehöhlte Kürbisse mit Lichtern aufgehängt. Aber während wir da waren, haben wir nichts gehört. Nicht wahr, Nick?"

„Ich hab' jedenfalls nichts gehört", sagte Nick. Dann fügte er interessiert hinzu: „Hat Joyce wirklich gesagt, daß sie einen Mord gesehen hat? Wenn das stimmt, ist es doch hochinteressant, nicht?"

„Warum ist das so interessant?" fragte Desmond.

„Na, das ist doch übersinnliche Wahrnehmung, nicht wahr? Ich meine, da hast du's: Sie hat einen Mord gesehen, und ein paar Stunden später wird sie selbst ermordet. Wahrscheinlich hatte sie eine Art Vision oder so was. Gibt einem zu denken. Bei den neuesten Experimenten hat man, glaube ich, festgestellt, daß man nachhelfen kann, indem man eine

Elektrode oder so was an die Halsschlagader legt. Ich hab' irgendwo davon gelesen."

„Mit der Parapsychologie ist es nicht weit her", sagte Nicholas verachtungsvoll. „Die Leute sitzen in verschiedenen Zimmern und starren auf Spielkarten oder Karten mit Vierecken und geometrischen Figuren drauf. Aber das Richtige sehen sie nie oder so gut wie nie."

„Na ja, man muß ziemlich jung dazu sein. Jugendliche sind viel besser als ältere Leute."

Hercule Poirot, der keine Lust hatte, dieser hochwissenschaftlichen Diskussion weiter zuzuhören, unterbrach.

„Soweit Sie sich erinnern können, ist während Ihrer Anwesenheit im Hause nichts vorgefallen, was Ihnen irgendwie unheimlich oder auffällig erschienen ist. Etwas, was wahrscheinlich niemand anderem aufgefallen wäre, aber vielleicht Ihre Aufmerksamkeit erregt hätte?"

Nicholas und Desmond legten angestrengt ihre Stirnen in Falten, offenbar in dem Versuch, irgendein bedeutsames Vorkommnis hervorzubringen.

„Nein, es wurde nur geredet und herumgeräumt."

„Haben Sie selbst irgendwelche Hypothesen?"

Poirot wandte sich an Nicholas.

„Was, Hypothesen darüber, wer Joyce umgebracht hat?"

„Ja. Ich meine, daß Sie vielleicht irgend etwas bemerkt haben, was Sie – möglicherweise aus rein psychologischen Gründen – zu einem bestimmten Verdacht kommen läßt?"

„Ach so, ich verstehe. Ja, das ist immerhin möglich."

„Ich setze auf die Whittaker", sagte Desmond.

„Die Lehrerin?" fragte Poirot.

„Ja. Richtige alte Jungfer. Sexhungrig. Immer nur Schule und immer nur mit Frauen zusammen. Weißt du noch, eine von den Lehrerinnen ist doch vor ein oder zwei Jahren erwürgt worden. Sie soll ein bißchen seltsam gewesen sein."

„Lesbisch?“ fragte Nicholas in weltmännischem Ton.

„Sollte mich nicht wundern. Erinnerst du dich an Nora Ambrose, das Mädchen, mit der sie zusammen wohnte? Die war ganz schön steil. Hatte angeblich mehrere Freunde, und ihre Freundin nahm ihr das übel. Sie soll ein uneheliches Kind gehabt haben, hat mal jemand gesagt. Sie war mal längere Zeit krank und kam dann zurück. In diesem Klatschnest kann man wirklich die unmöglichsten Sachen hören.“

„Na, auf jeden Fall war die Whittaker die meiste Zeit im Wohnzimmer. Sie hat wahrscheinlich gehört, was Joyce gesagt hat. Das kann sie auf die Idee gebracht haben, meinst du nicht?“

„Hör mal“, sagte Nicholas, „nehmen wir mal an, die Whittaker – wie alt mag sie sein, was glaubst du? Vierzig und etwas? An die fünfzig? In dem Alter werden die Frauen ein bißchen komisch.“

Beide sahen Poirot an wie zwei zufriedene Hunde, die auf Herrchens Befehl etwas Wichtiges apportiert haben.

„Und ich wette, wenn's so ist, dann weiß es auch Miss Emlyn. Der entgeht so schnell nichts von dem, was in ihrer Schule los ist.“

„Würde sie das dann aber nicht sagen?“

„Vielleicht meint sie, sie müsse loyal sein und sie schützen.“

„Oh, ich glaube nicht, daß sie das tut. Wenn sie glaubt, daß Elizabeth Whittaker verrückt ist – ich meine, es könnten doch noch mehr Schülerinnen aus ihrer Schule umgebracht werden.“

„Was hältst du vom Vikar?“ fragte Desmond voll Hoffnung. „Vielleicht hat *der* 'n Hammer. Erbsünde und so, weißt du, und das Wasser und die Äpfel und dann – halt, ich hab' eine Idee. Nimm mal an, er ist nicht ganz richtig. Er ist noch nicht lange hier. Niemand weiß viel über ihn.

Wenn nun der Feuerdrachen ihn auf die Idee gebracht hat. Höllenfeuer! Die züngelnden Flammen! Und dann hat er Joyce beim Schlafittchen gekriegt und gesagt: ‚Komm mal mit, dann zeig' ich dir was', und dann hat er sie in das Zimmer mit den Äpfeln geführt und hat gesagt: ‚Knie nieder.' Dann hat er gesagt: ‚Du wirst jetzt getauft' und hat ihren Kopf unter Wasser gedrückt. Verstehst du? Es paßt alles genau. Adam und Eva und der Apfel und das Höllenfeuer und der Feuerdrachen und eine neue Taufe zur Reinigung von den Sünden."

„Vielleicht hat *der* 'n Hammer. Erbsünde und so, weißt du", sagte Nicholas hoffnungsvoll. „Ich meine, all diese Sachen haben sexuelle Hintergründe."

Tief befriedigt sahen beide Poirot an.

„Hm", sagte Poirot, „Sie haben mir ganz gewiß Stoff zum Nachdenken gegeben."

16

Hercule Poirot betrachtete Mrs. Goodbodys Gesicht mit Interesse. Für eine Hexe war es wirklich ideal. Daß es einer höchst freundlichen und gutmütigen Frau gehörte, zerstörte diesen Eindruck keineswegs. Sie redete mit großem Genuß.

„Ja, ich war dabei. Ich spiel' hier immer die Hexe. Der Herr Pfarrer hat mir letztes Jahr Komplimente gemacht und hat gesagt, weil ich so gut war, soll ich einen neuen Spitzhut bekommen. Ein Hexenhut trägt sich genauso ab wie anderes auch. Ja, ich bin an dem Tag dort gewesen. Ich mach' immer die Reime, wissen Sie. Ich meine, die Reime für die Mädchen, mit ihren Vornamen. Einen für Beatrice, einen für Ann und so weiter. Und ich geb' sie dem, der die Geisterstimme macht, und der sagt sie dann den Mädchen auf, und die Jungen, der junge Herr Nicholas und Desmond, die lassen dann die Fotografien von der Decke flattern. Könnt' mich manchmal totlachen. Diese Jungen mit dem ganzen Gesicht voll Haar, und dann fotografieren sie sich gegenseitig. Und wie sie angezogen sind! Neulich habe ich den jungen Herrn Desmond gesehen, und was der anhatte, das würden Sie nicht glauben. Eine rosa Jacke und lila Hosen. Läuft den Mädchen den Rang ab. Die haben ja nichts anderes im Kopf, als wie sie ihre Röcke immer kürzer machen können, und nützen tut ihnen das gar nichts, denn sie müssen immer mehr drunter anziehen. Für all dieses Zeug, Strumpfhosen und Trikots, was zu meiner Zeit für die Mädchen vom Ballett war und für niemand anderen – dafür geben sie ihr ganzes Geld aus. Aber die Jungen – die sehen bei Gott aus wie Eisvögel und Pfauen und Paradiesvögel. Na ja, ich seh' ganz gern ein bißchen Farbe, und ich denk' mir immer, das muß nett gewesen sein in den alten historischen Zeiten, die man immer auf Bildern sieht. Meine Großmutter – sie diente bei einer guten alten viktorianischen Familie – hat mir immer erzählt, daß ihre jungen Damen knöchellange Musselinkleider trugen, sehr sittsam. Aber sie feuchteten sie immer mit Wasser an, damit sie anklebten und sie alles zeigen konnten, was zu zeigen war. Liefen herum und machten sittsame Gesichter, aber die Männer hat das ganz schön wachgekitzelt."

„Wahrsagen Sie auch?"

„Das darf ich ja wohl nicht zugeben", kicherte sie. „Die Polizei mag das nicht. Nicht daß sie meine Wahrsagerei so stört. Da ist gar nicht viel dran. In einem Ort wie unserem weiß man immer, wer mit wem geht, und das macht's natürlich einfach."

„Können Sie in Ihrer Hexenkugel sehen, wer das Mädchen Joyce umgebracht hat?"

„Jetzt verwechseln Sie was", sagte Mrs. Goodbody. „In einem Kristall sieht man etwas, nicht in einer Hexenkugel.

Wenn ich Ihnen sagen würde, wer es meiner Meinung nach getan hat, würde Ihnen das gar nicht passen. Sie würden sagen, das ist widernatürlich. Aber es gibt viele Dinge, die widernatürlich sind."

„Da mögen Sie recht haben."

„Man kann hier im ganzen gut leben. Ich meine, die Leute hier sind nett, jedenfalls die meisten, aber der Teufel hat überall seine Geschöpfe."

„Sie meinen – Schwarze Magie?"

„Nein, das meine ich nicht", sagte Mrs. Goodbody verachtungsvoll. „Das ist Unsinn. Das ist für Leute, die sich gern verkleiden und lauter Hokuspokus treiben. Sex und ich weiß nicht was. Nein, ich meine die, die der Teufel berührt hat. Sie werden schon so geboren. Die Söhne Luzifers. Ihnen ist angeboren, daß Morden für sie gar nichts bedeutet, nicht, wenn sie davon Gewinn haben. Wenn sie etwas haben wollen, dann wollen sie etwas haben. Und sie nehmen es sich rücksichtslos. Schön wie Engel können sie aussehen. Hab' mal ein kleines Mädchen gekannt. Sieben Jahre alt. Hat ihren kleinen Bruder und ihre kleine Schwester umgebracht. Waren Zwillinge. Fünf oder sechs Monate alt, nicht älter. Hat sie im Kinderwagen erstickt."

„Und das ist hier in Woodleigh Common passiert?"

„Nein, nein, nicht in Woodleigh Common. Das habe ich in Yorkshire erlebt, soweit ich mich erinnere. Ekelhafte Sache. War ein bildschönes Ding. Wenn man ihr ein Paar Flügel auf den Rücken gebunden und sie Weihnachtslieder hätte singen lassen, wäre sie ein perfekter Engel gewesen. Aber sie war keiner. Sie war innerlich verfault. Sie wissen, was ich meine. Sie sind nicht mehr jung. Sie kennen das Böse in der Welt."

„Leider", sagte Poirot. „Sie haben recht. Ich kenne es nur zu gut. Wenn Joyce wirklich einen Mord gesehen hat –"

„Wer sagt das?" fragte Mrs. Goodbody.

„Sie hat es selbst gesagt.“

„Das ist kein Grund, es zu glauben. Sie war immer eine kleine Lügnerin.“ Sie warf ihm einen scharfen Blick zu. „Das glauben Sie mir wahrscheinlich nicht?“

„Doch“, sagte Poirot, „ich glaube Ihnen das wirklich. Ich habe das jetzt zu oft gehört, um es nicht mehr zu glauben.“

„Seltsam ist das mit Familien“, sagte Mrs. Goodbody. „Nehmen Sie die Reynolds zum Beispiel. Zuerst Mr. Reynolds. Er ist Grundstücksmakler. Hat's nicht weit gebracht und wird's auch nicht mehr weit bringen. Und Mrs. Reynolds sorgt sich immer nur und regt sich über alles auf. Keins von den drei Kindern kommt nach den Eltern. Ann hat Verstand. Die kommt in der Schule vorwärts und wird aufs College gehen und vielleicht Lehrerin werden. Allerdings, sie ist sehr von sich selbst überzeugt. So von sich selbst überzeugt, daß niemand sie leiden kann. Kein Junge sieht sich nach ihr um. Und dann Joyce. Die war nicht so begabt wie Ann und auch nicht so schlau wie ihr kleiner Bruder Leopold, aber sie wollte es so gern sein. Sie wollte immer mehr wissen als andere Leute und alles besser machen und sagte das dümmste Zeug, nur damit die Leute aufmerksam auf sie wurden. Aber glauben Sie ja nicht, daß ein einziges Wort wahr war. Weil es nämlich in neun von zehn Fällen die Unwahrheit war.“

„Und der Junge?“

„Leopold? Er ist erst neun oder zehn, glaube ich, aber er ist ein Schlauer. Sehr geschickt mit den Händen, aber auch sonst. Er will Physik studieren. Er ist sehr gut in Mathematik. In der Schule waren sie ganz überrascht. Ja, der ist schlau. Er wird mal einer von diesen Naturwissenschaftlern werden. Und wenn Sie mich fragen, was er dann wohl tun und sich ausdenken wird – dann sag' ich Ihnen, ekelhafte Sachen wie die Atombombe! Der ist einer von denen, die studieren und toll begabt sind und sich dann etwas ausdenken, was unsere halbe Erdkugel zerstört und uns arme Menschen mit ihr. Hüten Sie sich vor Leopold! Der ist hinterhältig und belauscht die Leute. Findet alle ihre Geheimnisse heraus. Ich möchte gern mal wissen, wo der sein ganzes Taschengeld herhat. Nicht von seinen Eltern. Die können's sich nicht leisten, ihm viel zu geben. Aber er hat immer Geld. Versteckt es in einer Schublade unter seinen Socken. Kauft sich lauter teures Zeug davon. Woher hat er das Geld? Das möcht' ich zu gern wissen. Er kommt hinter die Geheimnisse von den Leuten, würde ich ja fast sagen, und sie geben ihm Geld, damit er den Mund hält."

Sie machte eine Atempause.

„Ja, helfen kann ich Ihnen wohl kaum, fürchte ich."

„Sie haben mir sehr geholfen", sagte Poirot. „Was ist mit dem ausländischen Mädchen passiert, das angeblich ausgerissen ist?"

„Die ist meiner Meinung nach nicht weit gekommen. *‚Bim, bam, bum, die Katze liegt im Brunn'*.' Das hab' ich jedenfalls schon immer gedacht."

17

„Entschuldigen Sie, Madam, kann ich wohl einen Augenblick mit Ihnen sprechen?"

Mrs. Oliver, die auf Judith Butlers Veranda stand und nach Hercule Poirot Ausschau hielt – der sich telefonisch bei ihr angemeldet hatte –, sah sich um.

Eine adrett angezogene Frau mittleren Alters stand vor ihr und knetete nervös ihre Hände, die in sauberen Baumwollhandschuhen steckten.

„Ja?" sagte Mrs. Oliver auffordernd.

„Ich will Sie nicht stören, Madam, aber ich dachte – ich dachte jetzt ..."

Mrs. Oliver hörte zu, machte aber keinen Versuch, sie zum Weitersprechen aufzufordern. Sie fragte sich, was diese Frau so beunruhigen konnte.

„Es stimmt doch, daß Sie die Dame sind, die Bücher schreibt, nicht wahr? Bücher über Verbrechen und Morde und solche Sachen?"

„Ja", sagte Mrs. Oliver, „die bin ich."

Sie war neugierig geworden. Sollte das die Bitte um ein Autogramm oder gar eine signierte Fotografie einleiten? Man konnte nie wissen. Es passierten die unwahrscheinlichsten Sachen.

„Ich hab' gedacht, Sie können mir's vielleicht sagen", fuhr die Frau fort.

„Nun setzen Sie sich erst mal", sagte Mrs. Oliver.

Ihr war bereits klar, daß Mrs. Sowieso – sie trug einen Trauring und war also eine Mrs. – zu den Leuten gehörte, bei denen es eine Weile dauert, bis sie zum Thema kommen. Die Frau setzte sich und knetete weiter ihre Hände.

„Beunruhigt Sie etwas?" fragte Mrs. Oliver in dem Bestreben, das Gespräch in Gang zu bringen.

„Ja, ich brauch' einen Rat, wirklich. Es ist etwas, was vor langer Zeit passiert ist, und damals war ich gar nicht beunruhigt. Aber Sie wissen ja, wie das ist. Man denkt drüber nach, und dann möchte man gern jemanden haben, den man um Rat fragen kann."

„Ah, ich verstehe", sagte Mrs. Oliver in der Hoffnung, mit dieser ganz und gar erlogenen Behauptung Vertrauen einzuflößen.

„Und wenn man so sieht, was jetzt erst kürzlich passiert ist, dann weiß man schon gar nicht."

„Sie meinen ...?"

„Ich meine, was bei diesem Kinderfest passiert ist oder was das war. Ich meine, das sieht man doch, daß es hier Leute gibt, die nicht zurechnungsfähig sind, nicht? Und man sieht auch, daß vorher auch nicht alles so war, wie man dachte. Ich meine, es gibt Sachen, die waren vielleicht nicht das, wofür man sie hielt, wenn Sie verstehen, wie ich das meine.“

„Ja?“ sagte Mrs. Oliver fragend. „Ich glaube nicht, daß ich Ihren Namen weiß“, fügte sie hinzu.

„Leaman. Mrs. Leaman. Ich geh' hier in verschiedene Häuser zum Putzen. Seit mein Mann tot ist, und das ist jetzt fünf Jahre her. Ich hab' auch für Mrs. Levin-Smith gearbeitet, für die Dame, die im Haus am Steinbruch wohnte, bevor die Westons kamen. Ich weiß nicht, ob Sie sie gekannt haben.“

„Nein“, sagte Mrs. Oliver, „ich bin zum erstenmal in Woodleigh Common.“

„Ach so. Na, dann werden Sie auch nicht wissen, was damals passiert ist und was die Leute gesagt haben.“

„Seit ich hier bin, habe ich eine ganze Menge davon gehört“, sagte Mrs. Oliver.

„Wissen Sie, ich verstehe nicht viel vom Recht, und wenn ich damit zu tun habe, ist mir immer unbehaglich. Mit Rechtsanwälten, meine ich. Die bringen vielleicht alles durcheinander, und zur Polizei möchte ich nicht gern gehen. Es hat doch nichts mit der Polizei zu tun, wenn es eine Rechtssache ist, nicht?“

„Vielleicht nicht“, sagte Mrs. Oliver vorsichtig.

„Vielleicht wissen Sie, was damals über dieses Kodi... – ich weiß nicht, so was wie Kodi.“

„Ein Kodizill zum Testament?“ schlug Mrs. Oliver vor.

„Ja, stimmt. Das meine ich. Mrs. Levin-Smith hat nämlich so ein Ding gemacht und all ihr Geld dem ausländischen Mädchen vererbt, das bei ihr arbeitete. Und das war eine Überraschung, denn sie hatte Verwandte hier, und sie war extra hergezogen, um in ihrer Nähe zu sein. Sie hing sehr an ihnen, vor allem an Mr. Drake. Und die Leute fanden es sehr komisch. Und dann fingen die Anwälte an, Sachen zu behaupten. Sie sagten, Mrs. Levin-Smith hätte das Kodidingsda gar nicht geschrieben. Das hätte das ausländische Mädchen getan, wo sie doch das ganze Geld bekommt. Und sie sagten, sie würden vor Gericht gehen. Mrs. Drake wollte das Testament bekämpfen – wenn das richtig ausgedrückt ist."

„Die Anwälte wollten das Testament anfechten. Ja, ich glaube, davon habe ich gehört", sagte Mrs. Oliver auffordernd. „Und Sie wissen vielleicht etwas darüber?"

„Ich hab' mir nichts Böses dabei gedacht", sagte Mrs. Leaman. Ein leicht weinerlicher Ton kam in ihre Stimme. Mrs. Oliver kannte diesen Klang.

„Damals hab' ich nichts gesagt", sagte Mrs. Leaman, „weil ich nicht Bescheid wußte, wissen Sie. Aber ich dachte mir schon, daß es komisch ist, und einer Dame wie Ihnen, die weiß, wie es zugeht, kann ich ja sagen, daß ich gern die Wahrheit wissen wollte. Ich war schon eine Zeitlang bei Mrs. Levin-Smith, und dann will man ja schließlich wissen, wie alles gekommen ist."

„Sicher", sagte Mrs. Oliver.

„Wenn ich gewußt hätte, daß ich was tue, was ich nicht tun darf, dann hätt' ich natürlich was gesagt. Aber ich hab' nicht gedacht, daß ich was Falsches tue. Jedenfalls damals nicht, verstehen Sie?" fügte sie hinzu.

„O ja", sagte Mrs. Oliver. „Ich werde es bestimmt verstehen. Erzählen Sie weiter. Es ging um das Kodizill."

„Ja. Eines Tages hat uns Mrs. Levin-Smith – also es ging ihr an dem Tag nicht besonders gut, und sie hat uns reingerufen. Das heißt mich und Jim, der im Garten hilft und Holz und Kohlen raufbringt und so. Wir sind also in ihr Zimmer gegangen, und sie hat lauter Papier vor sich auf dem Schreibtisch gehabt. Und dann sagte sie zu dem Mädchen – Miss Olga hieß sie –: ‚Gehn Sie jetzt hinaus, mein Kind, mit diesem Teil dürfen Sie nichts zu tun haben‘ oder so was Ähnliches. Miss Olga ging also raus, und Mrs. Levin-Smith sagte, wir sollten näher kommen, und dann sagte sie: ‚Das ist mein Testament.‘ Sie hatte ein Stück Löschpapier über den oberen Teil gelegt. Und dann hat sie gesagt: ‚Ich schreibe jetzt hier etwas hin, und Sie sollen das und meine Unterschrift am Schluß bezeugen.‘ Und dann hat sie angefangen zu schreiben. Sie hat immer eine kratzige Feder benutzt, nie einen Kugelschreiber oder so was. Sie hat drei Zeilen geschrieben und dann unterschrieben, und dann hat sie zu mir gesagt: ‚So, Mrs. Leaman, Sie schreiben jetzt Ihren Namen dort hin. Ihren Namen und Ihre Adresse.‘ Und dann hat sie zu Jim gesagt: ‚Und jetzt schreiben Sie Ihren Namen darunter und auch Ihre Adresse. So. Das genügt. Jetzt haben Sie gesehen, wie ich das geschrieben habe, und meine Unterschrift haben Sie auch gesehen, und Sie haben beide Ihre Namen hingeschrieben, um zu bezeugen, daß es so ist.‘ Wir gingen also wieder raus. Damals hab’ ich mir nichts weiter dabei gedacht, aber so ein bißchen gewundert hab’ ich mich doch. Und zufällig seh’ ich noch mal zurück, als wir gerade aus dem Zimmer gehen. Die Tür, wissen Sie, schließt nicht immer richtig. Man muß sie richtig zumachen. Und das tat ich – ich hab’ gar nicht richtig hingesehen –, Sie wissen schon –“

„Ja, ich weiß“, sagte Mrs. Oliver zurückhaltend.

„Und da sah ich, wie Mrs. Levin-Smith sich aus ihrem Stuhl hochzog – sie hatte Arthritis und hatte manchmal Schmerzen bei jeder Bewegung – und zum Regal ging, und sie zog ein Buch raus und tat das Stück Papier, das sie gerade unterschrieben hatte – es war in einem Umschlag –, in das Buch. Es war ein dickes, großes Buch aus dem untersten Fach. Und dann schob sie es wieder zurück ins Regal. Na ja, ich hab’ dann gar nicht mehr dran gedacht, kann man wohl sagen. Nein, wirklich nicht. Aber als dann das Theater losging, da dachte ich natürlich – das heißt –“ Sie brach ab.

Mrs. Oliver hatte eine ihrer nutzbringenden Intuitionen.

„Aber Sie haben doch ganz gewiß nicht so lange gewartet –“, sagte sie.

„Na ja, ich will ehrlich sein. Ich geb’ zu, ich war neugierig. Schließlich – wenn man etwas unterschrieben hat, will man ja wissen, *was* man unterschrieben hat, finden Sie nicht? Ich meine, das ist doch nur menschlich.“

„Ja“, sagte Mrs. Oliver, „das ist nur menschlich.“

Die Neugier, dachte sie, schien unter Mrs. Leamans menschlichen Zügen an erster Stelle zu stehen.

„Ich muß also zugeben, daß ich am nächsten Tag, als Mrs. Levin-Smith nach Medchester gefahren war und ich ihr Zimmer saubermachte wie immer – sie hatte ein Wohnschlafzimmer, weil sie soviel ruhen mußte. Also da denke ich: wenn man was unterschrieben hat, dann muß man wirklich wissen, was das war. Ich meine, es heißt doch immer bei diesen Ratenkäufen und so, daß man das Kleingedruckte lesen soll.“

„Oder in diesem Fall das Handgeschriebene“, meinte Mrs. Oliver.

„Und da hab’ ich gedacht, es schadet doch niemandem – es ist ja nicht, als wenn ich was wegnehme. Und so hab’ ich ein bißchen in den Regalen gesucht. Sie mußten sowieso abgestaubt werden. Und dann hab’ ich das Buch gefunden. Es war im untersten Fach. Es war ein altes Buch, und darin war der Umschlag, und es hieß *Schlag nach.* Als wenn es so gemeint war, finden Sie nicht?“

„Ja“, sagte Mrs. Oliver, „es war offensichtlich so gemeint. Und dann haben Sie das Papier aus dem Umschlag genommen und es sich angesehen.“

„Ja, Madam. Und ob das falsch war oder nicht, das weiß ich nicht. Jedenfalls hab’ ich’s gelesen. Und es war wirklich ein juristisches Dokument. Auf der letzten Seite war das, was sie am Tag vorher geschrieben hatte. Ganz frisch mit einer kratzigen neuen Feder geschrieben. Man konnte es sehr gut lesen, obgleich sie eine ziemlich spillerige Schrift hatte."

„Und was stand drin?" fragte Mrs. Oliver, die inzwischen Mrs. Leaman an Neugier nicht mehr nachstand.

„Tja, was über – soweit ich mich erinnere – die genauen Worte weiß ich nicht mehr – also was über ein Kodi – na, Sie wissen schon – und daß sie außer den Sachen, die sie in ihrem Testament genannt hat, ihr gesamtes Vermögen Olga – ich weiß ihren Zunamen nicht mehr genau, er fing mit einem S an, Seminoff oder so ähnlich – vermacht als Anerkennung für ihre treuen Dienste während ihrer Krankheit. Das stand da, und sie hatte es unterschrieben, und ich hatte es unterschrieben, und Jim hatte es unterschrieben. Dann hab' ich es wieder zurückgetan, weil Mrs. Levin-Smith nicht wissen sollte, daß ich in ihren Sachen rumgewühlt hatte.

Aber na, sagte ich mir, na, *das* ist ja eine Überraschung. Und ich dachte, man stelle sich vor, diese Ausländerin bekommt das ganze Geld, denn wir wußten alle, daß Mrs. Levin-Smith sehr reich war. Ihr Mann war Schiffbaumeister und hatte ihr ein Vermögen hinterlassen, und ich dachte, na, manche Leute haben aber auch ein Glück. Und dann dachte ich, und ihre Familie läßt sie leer ausgehen. Aber vielleicht hatte sie sich mit ihnen verkracht und wird sich höchstwahrscheinlich auch wieder mit ihnen vertragen, und dann zerreißt sie das hier vielleicht und macht ein neues Kodiding oder ein neues Testament. Aber auf jeden Fall tat ich das Papier wieder zurück und vergaß es.

Aber als dann das Theater mit dem Testament losging und alle sagten, es ist gefälscht und Mrs. Levin-Smith kann das nicht selbst geschrieben haben – das haben sie nämlich gesagt, müssen Sie wissen, daß die alte Dame das gar nicht geschrieben hat, sondern jemand anders –"

„Ah so", sagte Mrs. Oliver. „Und – was haben Sie gemacht?"

„Nichts hab' ich gemacht. Und deshalb mach' ich mir jetzt Gedanken ... Ich hab' das alles nicht gleich begriffen. Und als ich ein bißchen überlegt hatte, da wußte ich gar nicht, *was* ich eigentlich tun sollte, und ich dachte auch, ach, das ist alles Gerede, weil die Rechtsanwälte immer gegen die Ausländer sind, wie alle Leute. Ich mag Ausländer auch nicht besonders, muß ich sagen. Na jedenfalls, so war es, und das junge Mädchen selbst ist herumstolziert und hat sich aufgespielt und ausgesehen, als wenn sie sich so recht ins Fäustchen lacht, und ich dachte, das ist irgendwas Juristisches, und vielleicht darf sie das Geld nicht haben, weil sie nicht mit der alten Dame verwandt ist. Es wird schon alles stimmen. Und auf eine Art stimmte es ja auch, denn sie sind nicht vor Gericht gegangen, und soweit man weiß, ist Miss Olga ausgerissen. Also sieht es doch aus, als wenn sie wirklich irgendeinen Hokuspokus gemacht hat. Vielleicht hat sie die alte Dame bedroht und sie gezwungen, das Testament zu ändern. Man kann nie wissen, nicht? Ein Neffe von mir wird Arzt, und der hat mir erzählt, daß man tolle Sachen mit Hypnose machen kann. Ich dachte, vielleicht hat sie die alte Dame hypnotisiert."

„Und wie lange ist das alles her?"

„Mrs. Levin-Smith ist seit – warten Sie mal, seit fast zwei Jahren tot."

„Und Sie machten sich weiter keine Gedanken?"

„Nein. Damals nicht. Weil ich nicht dachte, daß es drauf ankommt. Alles war in Ordnung. Miss Olga hatte nicht das ganze Geld bekommen, und deswegen fühlte ich mich nicht berufen –"

„Aber jetzt denken Sie anders darüber?"

„Seit dieser ekelhafte Mord passiert ist – an diesem Kind in dem Wassereimer mit all den Äpfeln. Sie hat was über einen Mord gesagt, daß sie einen gesehen hat oder etwas über einen weiß. Und ich dachte, vielleicht hat Miss Olga die alte Dame ermordet, weil sie wußte, daß sie das ganze Geld erbt, und dann hat sie's mit der Angst zu tun gekriegt, als der Zirkus mit den Anwälten und der Polizei losging, und ist ausgerissen. Und dann hab' ich gedacht, ich sollte vielleicht – ich sollte es vielleicht jemandem erzählen, und ich hab' gedacht, Sie haben vielleicht Bekannte bei den Juristen, vielleicht auch bei der Polizei, und Sie würden denen erklären, daß ich nur auf einem Bücherregal Staub gewischt habe, und das Papier war in dem Buch, und ich hab' es wieder zurückgelegt. Ich hab's nicht weggenommen."

„Also damals hat es sich folgendermaßen zugetragen: Sie haben gesehen, wie Mrs. Levin-Smith ein Kodizill zu ihrem Testament geschrieben hat. Sie haben gesehen, wie sie ihren Namen darunter gesetzt hat, und Sie selbst und dieser Jim, Sie waren beide da und haben beide Ihre Namen drunter geschrieben. So war es doch, nicht wahr?"

„Stimmt."

„Wenn Sie also beide gesehen haben, wie Mrs. Levin-Smith ihren Namen schrieb, dann kann diese Unterschrift ja keine Fälschung sein, nicht wahr? Jedenfalls nicht, wenn Sie gesehen haben, daß sie selbst unterschrieben hat."

„Ich hab' gesehen, daß sie selbst geschrieben hat, und das ist die reine Wahrheit. Und Jim würde das auch sagen, nur, er ist nach Australien ausgewandert. Vor mehr als einem Jahr, und ich kenne seine Adresse nicht. Er war sowieso nicht von hier."

„Und was soll *ich* nun tun?"

„Ich möchte gern, daß Sie mir sagen, ob ich irgend etwas sagen oder tun soll – jetzt. Aber daß Sie's wissen, gefragt hat mich niemand. Niemand hat mich je gefragt, ob ich was über ein Testament weiß.“

„Sie heißen Leaman. Wie ist Ihr Vorname?“

„Harriet.“

„Harriet Leaman. Und Jim, wie war sein Zuname?“

„Tja, warten Sie, wie hieß der noch? Jenkins. Stimmt. James Jenkins. Ich wäre Ihnen sehr dankbar, wenn Sie mir helfen könnten, weil ich mir solche Gedanken mache, wissen Sie. All diese unerfreulichen Dinge, und wenn Miss Olga das getan hat, ich meine, Mrs. Levin-Smith ermordet hat, und die kleine Joyce hat das gesehen ... Mich hat niemand was gefragt. Aber ich kann mir nicht helfen, ich mach' mir Gedanken, ob ich damals nicht doch hätte was sagen sollen.“

„Ich glaube“, sagte Mrs. Oliver, „Sie müssen Ihre Geschichte wahrscheinlich dem Anwalt erzählen, der damals Mrs. Levin-Smith vertreten hat. Ich bin überzeugt, daß ein guter Anwalt Ihre Gedanken und Motive völlig verstehen wird.“

„Und wenn Sie ein Wort für mich einlegen könnten, wie alles gekommen ist, und ich wollte ja nichts Böses tun – wenn Sie das erklären könnten, wäre ich Ihnen sehr dankbar.“

„Ich werde tun, was ich kann“, sagte Mrs. Oliver.

Ihr Blick wanderte den Garten entlang, und da sah sie, daß sich eine rundliche Gestalt mit schnellen Schritten näherte.

„Ich danke Ihnen sehr. Sie sagen alle, daß Sie so nett sind, und ich bin Ihnen sehr dankbar.“

Sie erhob sich, zog die Baumwollhandschuhe wieder an, die sie sich in ihrer Not ganz von den Händen geknetet hatte, deutete etwas an, was fast wie ein Knicks aussah, und lief eilig davon. Mrs. Oliver wartete, bis Poirot nahe herangekommen war.

„Kommen Sie her", sagte sie, „und setzen Sie sich. Was ist mit Ihnen los? Sie sehen so gequält aus."

„Meine Füße tun sehr weh", sagte Hercule Poirot.

„Das sind diese fürchterlich engen Lackschuhe, die Sie immer tragen", sagte Mrs. Oliver. „Setzen Sie sich. Erzählen Sie mir, was Sie mir erzählen wollten, und dann werde *ich Ihnen* was erzählen, was Sie bestimmt sehr überraschen wird!"

18

Poirot setzte sich, streckte die Beine von sich und sagte: „Ah! Das tut gut."

„Ziehen Sie doch die Schuhe aus", sagte Mrs. Oliver, „und ruhen Sie Ihre Füße aus."

„Nein, nein, das kann ich auf keinen Fall tun", sagte Poirot in schockiertem Ton.

„Nun, wir sind doch alte Freunde", sagte Mrs. Oliver, „und Judith würde sich nichts dabei denken, wenn sie plötzlich rauskäme. Wissen Sie – wenn ich das mal so sagen darf –, Sie sollten keine Lackschuhe auf dem Lande tragen. Warum kaufen Sie sich nicht ein Paar schöne Wildlederschuhe? Oder diese Dinger, die die Hippies heutzutage tragen? Diese Schuhe, wissen Sie, in die man nur reinfährt und die man nie zu putzen braucht – anscheinend putzen sie sich von selbst. Eine von diesen pflegeleichten Sachen."

„So etwas möchte ich niemals tragen", sagte Poirot empört. „Um Gottes willen."

„Das Schlimme mit Ihnen ist", sagte Mrs. Oliver, „daß Sie immer und um jeden Preis elegant aussehen wollen. Ihnen ist Ihre Kleidung und Ihr Schnurrbart und wie Sie aussehen wichtiger als Bequemlichkeit. Wenn man erst mal über fünfzig ist, dann ist Bequemlichkeit die Hauptsache."

„Madame, chère Madame, ich glaube nicht, daß ich da mit Ihnen übereinstimme."

„Das wäre aber viel besser für Sie", sagte Mrs. Oliver. „Wenn Sie's nämlich nicht tun, werden Sie schwer zu leiden haben, und es wird sicher Jahr für Jahr schlimmer werden."

„Jahr für Jahr", sagte Poirot nachdenklich, während Mrs. Oliver ihn überrascht anstarrte. „Es ist erstaunlich, wie Sie mir immer wieder Fingerzeige geben, mir immer wieder den Weg zeigen, den ich bei meinen Untersuchungen gehen muß. Mir wird erst jetzt richtig klar, wie wichtig es ist, hier in großen Zeiträumen zu denken."

„Aber das sehe ich nun wirklich nicht ein", sagte Mrs. Oliver. „Von großen Zeiträumen kann doch gar keine Rede sein. Ich meine, das alles ist doch erst vor – wirklich, erst vor vier Tagen passiert."

„Das stimmt. Aber alles, was passiert, hat eine Vergangenheit. Eine Vergangenheit, die inzwischen zum Heute geworden ist, aber die schon gestern existiert hat und vorigen Monat und voriges Jahr. Die Gegenwart hat ihre Wurzeln immer in der Vergangenheit. Vor einem Jahr, vor zwei Jahren, vielleicht sogar vor drei Jahren wurde ein Mord begangen. Ein Kind sah diesen Mord. Weil dieses Kind an einem bestimmten, längst vergangenen Tag diesen Mord gesehen hat, mußte es vor vier Tagen sterben. Ist es nicht so?"

„Ja. Stimmt. Ich nehme es jedenfalls an. Es kann natürlich auch ganz anders sein. Es kann auch sein, daß es irgendein geistesgestörter Irrer gewesen ist, dem es Spaß macht, Leute umzubringen, und für den im Wasser spielen heißt, daß er jemandem den Kopf untertaucht und ihn festhält."

„Diese Annahme hat Sie aber nicht zu mir gebracht, Madame", sagte Poirot.

„Nein“, sagte Mrs. Oliver, „nein. Ich hatte ein wirklich ungutes Gefühl. Und ich habe immer noch ein ungutes Gefühl.“

„Und da stimme ich Ihnen voll bei. Ich glaube, Sie haben recht. Man hat ein ungutes Gefühl, und man muß herausbekommen, warum. Ich versuche mit aller Kraft, obgleich Sie mir das vielleicht nicht glauben werden, herauszubekommen, warum.“

„Indem Sie herumlaufen, sich mit Leuten unterhalten, um herauszufinden, ob sie nett sind oder nicht, und ihnen dann Fragen stellen?“

„Richtig.“

„Und was haben Sie herausbekommen?“

„Tatsachen“, sagte Poirot. „Tatsachen, die zu gegebener Zeit durch bestimmte Daten ihren festen Platz innerhalb der Ereignisse finden werden.“

„Ist das alles? Was haben Sie noch herausbekommen?“

„Daß niemand an die Wahrheitsliebe von Joyce Reynolds glaubt.“

„Mir scheint“, sagte Mrs. Oliver, „daß Ihre Tatsachen Sie geradezu zurückwerfen, anstatt daß Sie wenigstens auf der Stelle treten oder vorwärtskommen.“

„Alle Einzelheiten müssen in Übereinstimmung gebracht werden. Nehmen Sie zum Beispiel eine Fälschung. Die Tatsache, daß eine Fälschung stattgefunden hat. Alle sagen, daß eine Ausländerin, ein *Au-pair*-Mädchen, sich so sehr bei einer älteren und sehr reichen Witwe eingeschmeichelt hat, daß diese reiche Witwe ein Testament hinterließ oder ein Kodizill zu ihrem Testament, in dem sie dem Mädchen ihr gesamtes Geld vermachte. Hat nun das Mädchen das Testament gefälscht oder jemand anders?“

„Wer anders könnte das denn getan haben?“

„Es gab einen zweiten Fälscher im Dorf. Das heißt, jemand, der schon einmal wegen einer Fälschung vor Gericht war, aber wegen mildernder Umstände und weil er nicht vorbestraft war, mit einer leichten Strafe davonkam."

„Ist das jemand Neues? Kenne ich ihn?"

„Nein, er ist tot."

„Oh. Wann ist er gestorben?"

„Vor etwa zwei Jahren. Das genaue Datum weiß ich noch nicht. Aber ich werde es wissen müssen. Er hatte bereits eine Fälschung begangen und wohnte hier im Dorf. Und weil er in irgendwelche Liebeshändel geriet, bei denen Eifersucht und andere Gefühle eine Rolle spielten, wurde er eines Nachts erstochen. Sehen Sie, ich meine, daß viele einzelne Ereignisse, von denen ich gehört habe, viel enger in Verbindung stehen, als man denkt. Nicht alle. Wahrscheinlich nicht alle, aber einige."

„Das klingt interessant", sagte Mrs. Oliver, „aber ich verstehe nicht recht –"

„Bis jetzt kann ich das auch noch nicht", sagte Poirot, „aber ich glaube, da können einem Daten weiterhelfen. Die Daten, an denen gewisse Dinge passiert sind, Leute an bestimmten Orten waren, Bestimmtes erlebt oder getan haben. Alle glauben, daß das Mädchen das Testament gefälscht hat", sagte Poirot, „und wahrscheinlich haben alle recht. Sie war diejenige, die davon Vorteile hatte, stimmt's? Warten Sie – warten Sie –"

„Worauf?" fragte Mrs. Oliver.

„Einen Gedanken, der mir eben durch den Kopf ging", sagte Poirot.

Mrs. Oliver seufzte.

„Fahren Sie bald nach London zurück, Madame? Oder bleiben Sie länger hier?"

„Übermorgen", sagte Mrs. Oliver. „Ich kann nicht länger bleiben. Ich habe eine Menge zu erledigen."

„Sagen Sie – in Ihrer Wohnung oder in Ihrem Haus, ich weiß jetzt nicht, was Sie haben, Sie sind in letzter Zeit so oft umgezogen –, haben Sie da Platz genug, um Gäste aufnehmen zu können?“

„Das gebe ich nie zu“, sagte Mrs. Oliver. „Denn wenn man sagt, daß man in London ein Gästezimmer hat, dann ist man geliefert. Alle Freunde, und nicht nur alle Freunde, sondern auch Bekannte oder manchmal sogar angeheiratete Verwandte von den Bekannten schreiben einem und fragen, ob es einem was ausmachen würde, sie für eine Nacht aufzunehmen. Und es *macht* mir was aus. Der ganze Umstand mit Leintüchern und Bettbezügen und Kopfkissenbezügen, und dann wollen sie Frühstück haben oder erwarten sogar, daß man für sie kocht. Deshalb lasse ich niemand wissen, daß ich ein Gästezimmer habe. Meine *Freunde* kommen und wohnen bei mir, Leute, die ich gern sehen möchte. Aber die anderen – nein, da bin ich gar nicht sehr hilfsbereit. Ich mag es nicht, wenn man mich ausnutzt.“

„Wer mag das schon?“ sagte Hercule Poirot. „Das ist sehr klug von Ihnen.“

„Aber was soll das alles heißen?“

„Sie könnten, wenn es notwendig werden sollte, ein oder zwei Gäste bei sich aufnehmen?“

„Das *könnte* ich“, sagte Mrs. Oliver vorsichtig. „Wen soll ich denn aufnehmen? Sie doch nicht. Sie haben doch selbst eine wunderbare Wohnung. Ultramodern, sehr abstrakt, alles rechteckig und kubistisch.“

„Nein, nur für den Fall, daß man Vorsichtsmaßnahmen treffen müßte.“

„Für wen? Ist noch jemand in Gefahr, ermordet zu werden?“

„Ich hoffe nicht, aber es liegt im Bereich der Möglichkeit.“

„Aber wer? Wer? Ich verstehe das nicht.“

„Wie gut kennen Sie Ihre Freundin?“

„Kennen? Nicht gut. Sie ist verwitwet, ihr Mann starb

und ließ sie in ziemlich schlechten finanziellen Verhältnissen zurück, sie und ihre Tochter Miranda, die Sie ja kennengelernt haben. Aber es ist wahr, ich habe ein komisches Gefühl, wenn ich an sie denke. Ein Gefühl, als wenn sie irgendwie wichtig seien, als wenn sie in ein interessantes Drama verwickelt seien. Aber ich will gar nicht wissen, in was für ein Drama. Ich möchte nicht, daß sie es mir erzählen. Ich möchte mir lieber ausdenken, in was für ein Drama *ich* sie gern verwickelt sehen würde."

„Ja, ja, ich verstehe. Die beiden sind – nun, offensichtlich dabei, in den nächsten Bestseller von Ariadne Oliver aufgenommen zu werden."

„Manchmal sind Sie wirklich schrecklich", sagte Mrs. Oliver. „Aus Ihrem Mund klingt das alles so – niedrig." Sie schwieg nachdenklich. „Vielleicht ist es das ja auch."

„Nein, nein, nicht niedrig. Nur menschlich."

„Und Sie wollen, daß ich Judith und Miranda bei mir in London aufnehme?"

„Noch nicht", sagte Hercule Poirot. „Erst wenn ich sicher bin, daß einer von meinen kleinen Gedanken stimmt."

„Sie und Ihre kleinen Gedanken! Jetzt habe ich aber eine Neuigkeit für Sie."

„Madame, das entzückt mich."

„Seien Sie nicht zu sicher. Es wird wahrscheinlich Ihre kleinen Gedanken aus der Reihe bringen. Wenn ich Ihnen nun sagte, daß diese Fälschung, von der Sie so eifrig erzählt haben, überhaupt keine Fälschung war?"

„Was sagen Sie da?"

„Mrs. Levin-Smith hat wirklich ein Kodizill zu ihrem Testament gemacht, in dem sie all ihr Geld dem *Au-pair*-Mädchen vererbt hat, und zwei Zeugen haben gesehen, wie sie es unterschrieben hat, und haben ihrerseits in Gegenwart des anderen auch unterschrieben. So, jetzt haben Sie was, worüber Sie nachdenken können!"

19

„Mrs. – Leaman –“, sagte Poirot, während er den Namen schrieb.

„Ja, Harriet Leaman. Und der andere Zeuge scheint ein James Jenkins gewesen zu sein. Als letztes hat man von ihm gehört, daß er nach Australien gegangen ist. Und von Miss Seminoff scheint man als letztes gehört zu haben, daß sie in die Tschechoslowakei zurückgekehrt ist – oder von wo sie sonst gekommen ist. Alle scheinen irgendwo anders hingegangen zu sein.“

„Wie zuverlässig ist Ihrer Meinung nach diese Mrs. Leaman?“

„Ich glaube nicht, daß sie sich das alles ausgedacht hat, falls Sie das meinen. Ich glaube schon, daß sie etwas unterschrieben hat, daß sie dann neugierig war und bei erster Gelegenheit versucht hat herauszukriegen, was sie unterschrieben hatte.“

„Sie kann lesen und schreiben?“

„Das nehme ich doch an.“ sagte Mrs. Oliver. „Aber stimmt, manchmal können die Leute die Schrift von alten Damen nicht sehr gut lesen, weil die meist so kritzelig und undeutlich schreiben. Als dann später Gerüchte kursierten über dieses Testament oder Kodizill, kann sie natürlich gedacht haben, genau das habe sie in dieser unleserlichen Schrift gelesen.“

„Ein echtes Dokument“, sagte Poirot. „Aber ein gefälschtes Kodizill hat es auch gegeben.“

„Wer sagt das?“

„Die Anwälte.“

„Vielleicht war es gar nicht gefälscht.“

„Anwälte sind in solchen Sachen sehr penibel. Sie waren

bereit, mit Sachverständigen als Zeugen vor Gericht zu gehen."

„Na schön", sagte Mrs. Oliver. „Dann ist ja ganz klar, was passiert ist."

„Was ist klar? Was ist passiert?"

„Na, am nächsten Tag oder ein paar Tage später oder vielleicht sogar eine Woche später hat sich Mrs. Levin-Smith natürlich mit ihrer Perle von Mädchen verkracht, oder aber es hat eine zu Herzen gehende Aussöhnung mit ihrem Neffen Hugo oder ihrer Nichte Rowena stattgefunden, und sie hat das Testament zerrissen oder das Kodizill gestrichen oder alles verbrannt, oder was weiß ich."

„Und dann?"

„Na, dann ist Mrs. Levin-Smith wahrscheinlich gestorben, und das Mädchen nimmt sofort die Gelegenheit wahr und schreibt ein neues Kodizill mit etwa denselben Anweisungen und in Mrs. Levin-Smith' Handschrift, so gut sie's eben kann, und die beiden Zeugenunterschriften ahmt sie auch nach. Wahrscheinlich kennt sie Mrs. Leamans Schrift sehr gut, von Versicherungskarten oder so, und sie kopiert sie und denkt sich, Mrs. Leaman wird schon zugeben, daß sie das Testament gegengezeichnet hat, und dann ist alles gut. Aber ihre Fälschung ist nicht gut genug, und so fängt der Ärger an."

„Erlauben Sie mir, chère Madame, Ihr Telefon zu benutzen?"

„Ich erlaube Ihnen, Judith Butlers Telefon zu benutzen, ja."

„Wo ist Ihre Freundin?"

„Oh, sie ist beim Friseur, und Miranda ist spazieren. Gehen Sie nur, es steht gleich hier im Zimmer."

Poirot ging ins Haus und kam nach etwa zehn Minuten zurück. „Na? Was haben Sie gemacht?"

„Ich habe Mr. Fullerton angerufen, den Anwalt. Ich

werde Ihnen jetzt etwas sagen. Das Kodizill, das gefälschte Kodizill, das für die Testamentseröffnung vorgelegt wurde, ist gar nicht von Harriet Leaman gegengezeichnet worden, sondern von einer Mary Doherty, inzwischen verstorben, die Hausangestellte von Mrs. Levin-Smith gewesen ist. Der zweite Zeuge war der James Jenkins, der, wie Ihnen Ihre Freundin Mrs. Leaman erzählt hat, nach Australien gegangen ist."

„Also gab es doch ein gefälschtes Kodizill", sagte Mrs. Oliver. „Und es scheint außerdem noch ein echtes zu geben. Hören Sie mal, wird das nicht langsam alles ein bißchen sehr kompliziert?"

„Es wird unglaublich kompliziert", sagte Hercule Poirot. „Wenn ich so sagen darf, hier ist zuviel von Fälschung die Rede."

„Vielleicht ist das echte Kodizill immer noch in der Bibliothek im Haus am Steinbruch zwischen den Seiten von *Schlag nach*."

„Soweit ich weiß, ist die gesamte Inneneinrichtung des Hauses nach Mrs. Levin-Smith' Tod verkauft worden, bis auf ein paar Möbelstücke und Bilder aus dem Familienerbe."

„Was wir jetzt brauchen", sagte Mrs. Oliver, „ist so was wie *Schlag nach*. Ich erinnere mich, daß meine Großmutter eines hatte. Es stand wirklich alles drin. Juristische Informationen, Kochrezepte und wie man Tintenflecke aus Leinen entfernen kann. Ein Rezept für selbstgemachten Gesichtspuder, der dem Teint nicht schadet. Oh – und eine Masse anderes. Ja, hätten Sie jetzt nicht gern so ein Buch?"

„Zweifellos", sagte Hercule Poirot, „würde ich darin auch ein Rezept für die Behandlung von müden Füßen finden."

„Ich möchte meinen, viele Rezepte. Aber warum tragen Sie auch keine richtig stabilen Schuhe?"

„Madame, ich lege Wert darauf, mit meiner Erscheinung soigniert zu wirken."

„Schön, dann müssen Sie eben weiter Sachen tragen, die unbequem sind und weh tun, und es mit einem Lächeln ertragen", sagte Mrs. Oliver. „Doch was ich sagen wollte –, ich verstehe jetzt gar nichts mehr. Hat mir diese Mrs. Leaman eben denn einen Bären aufgebunden?"

„Das ist immer möglich."

„Hat ihr jemand *gesagt*, sie soll mir einen Bären aufbinden?"

„Auch das ist möglich."

„Hat ihr jemand *Geld* dafür gegeben, damit sie mir einen Bären aufbindet?"

„Machen Sie weiter", sagte Poirot, „machen Sie weiter. Sie machen das sehr gut."

„Ich nehme an", sagte Mrs. Oliver nachdenklich, „daß es Mrs. Levin-Smith wie vielen anderen reichen Frauen Spaß gemacht hat, Testamente zu verfassen. Ich könnte mir vorstellen, daß sie eine ganze Menge in ihrem Leben verfaßt hat. Sie wissen ja, erst bekommt eine Person was, dann eine andere. Immer wieder wird alles geändert. Die Drakes waren sowieso wohlhabend. Sie wird ihnen wohl immer zumindest eine schöne runde Summe vermacht haben, aber ich frage mich, ob sie jemals jemand anderem als dem Mädchen Olga so viel hinterlassen wollte, wie aus dem echten und dem gefälschten Kodizill hervorgeht. Ich muß sagen, ich würde gern ein bißchen mehr über dieses Mädchen wissen. Als ‚Verschwinderin' scheint sie jedenfalls sehr erfolgreich zu sein."

„Ich hoffe, in Kürze etwas mehr über sie zu erfahren", sagte Hercule Poirot.

„Wie?"

„Durch Auskünfte, die ich in Kürze erwarte."

„Ich weiß, daß Sie hier Auskünfte eingeholt haben."

„Nicht nur hier. Ich habe einen Agenten in London, der sowohl im Ausland wie im Inland Auskünfte für mich einholt. Möglicherweise werde ich bald aus der Herzegowina Nachricht bekommen."

„Werden Sie erfahren, ob sie jemals dort wieder angekommen ist?"

„Das kann auch dabeisein, aber hauptsächlich erwarte ich ganz andere Informationen – über Briefe, die sie vielleicht während ihres Aufenthalts in England geschrieben hat und in denen sie die Freunde erwähnt, die sie hier gefunden hat und mit denen sie vertraut geworden ist."

„Wie ist es mit der Lehrerin?" fragte Mrs. Oliver.

„Welche meinen Sie?"

„Die, die erwürgt worden ist – die, von der Ihnen Elizabeth Whittaker erzählt hat." Sie fügte hinzu: „Elizabeth Whittaker mag ich nicht besonders. Geht einem auf die Nerven, aber eine kluge Frau, glaube ich." Sie fuhr träumerisch fort: „Ich würde ihr einen Mord glatt zutrauen."

„Daß sie eine Kollegin erwürgt?"

„Man muß alle Möglichkeiten in Betracht ziehen."

„Wie so oft, werde ich mich auch diesmal auf Ihre Intuition verlassen, Madame."

20

Nachdem er Mrs. Butlers Haus verlassen hatte, schlug Poirot denselben Weg ein, den ihm Miranda gezeigt hatte. Die Öffnung in der Hecke schien ihm seit dem letztenmal weiter geworden zu sein. Jemand mit etwas größerem Körperumfang als Miranda hatte sie vielleicht auch benutzt. Er folgte dem Weg hinab in den Steinbruch, und wieder fiel ihm die Schönheit des Parks auf. Ein hinreißender Garten – und doch hatte Poirot wieder das Gefühl, daß er sich an einem unheilvollen Ort befand. Das Ganze hatte etwas Heidnisches, Grausames an sich. Auf diesen verschlungenen Pfaden jagten Faune ihre Opfer, hier forderte eine grausame, kalte Göttin ihren Tribut.

Er konnte verstehen, warum dieser Park kein Ausflugsziel geworden war. Hier würde man sich nicht gern niederlassen, um hartgekochte Eier, Salat und Orangen zu essen. Hier war alles so anders.

Er folgte dem Pfad um eine Biegung und blieb plötzlich stehen. Vor sich sah er zwei Gestalten. Auf einem Steinvorsprung saß Michael Garfield. Er hatte einen Zeichenblock auf seinen Knien und zeichnete, ganz in sein Tun vertieft. Nicht weit entfernt von ihm stand Miranda Butler dicht neben einem kleinen, munter über Steine plätschernden Bach, der vom Hang herabfloß. Hercule Poirot vergaß seine Füße, vergaß die Schmerzen und Schwächen des menschlichen Körpers und war wieder ganz gefangen von der Schönheit, die menschlichen Wesen eigen sein kann. Kein Zweifel, Michael Garfield war ein schöner Mann. Hercule Poirot war sich nicht so sicher, ob er schöne Männer mochte. Das einzig Schöne an ihm selbst war sein prachtvoller Schnurrbart.

Michael Garfield sah auf und sagte:

„Ha! Señor Moustachios! Einen wunderschönen guten Tag, Sir."

„Darf ich mir einmal ansehen, was Sie da machen, oder stört es Sie?" fragte Poirot. „Ich will bestimmt nicht aufdringlich sein."

„Bitte, schauen Sie", sagte Michael Garfield, „es macht mir nichts aus." Leise fügte er hinzu: „Es macht mir einen Heidenspaß."

Poirot sah ihm über die Schulter. Er nickte. Vor sich sah er eine sehr zarte Bleistiftzeichnung, deren Linien fast unsichtbar waren. Der Mann konnte zeichnen, dachte Poirot. Nicht nur Gärten entwerfen. Er sagte fast unhörbar: „Exquisit!“

„Das finde ich auch“, sagte Michael Garfield.

Er ließ offen, ob er seine Zeichnung meinte oder das Modell.

„Warum?“ fragte Poirot.

„Warum ich das mache? Glauben Sie, daß ich einen Grund habe?“

„Sie könnten einen haben.“

„Sie haben recht. Wenn ich von hier fortgehe, möchte ich ein oder zwei Dinge in Erinnerung behalten. Eins davon ist Miranda.“

„Würden Sie sie sonst vergessen?“

„Ganz ohne weiteres. So bin ich nun mal. Man sieht, man nimmt auf – und dann ist alles vorbei.“

„Aber nicht dieser Garten. Der ist nicht vorbei.“

„Meinen Sie? Den wird es bald auch nicht mehr geben. Wenn niemand mehr hier ist. Die Natur nimmt sich alles zurück, das wissen Sie ja. Der Garten braucht Liebe und Aufmerksamkeit und Sorgfalt und Geschicklichkeit. Wenn die öffentliche Hand ihn übernimmt – und das passiert ja heutzutage sehr oft –, dann wird er, wie man das nennt, ‚erhalten‘ werden. Man wird die neuesten Buscharten pflanzen, neue Wege anlegen, Bänke aufstellen und sogar Papierkörbe. Oh, man ist so sorgfältig, so darauf aus zu konservieren. Aber dies hier kann man nicht konservieren. Es ist wild. Es ist viel schwieriger, etwas wild wachsend zu erhalten, als es zu konservieren.“

„Monsieur Poirot.“ Mirandas Stimme erklang vom anderen Ufer des Bachs.

Poirot ging weiter, bis er in Hörweite war.

„Hier bist du also. Bist du gekommen, um für dein Porträt zu sitzen?“

Sie schüttelte den Kopf.

„Deshalb bin ich nicht gekommen. Das ist Zufall."

„Ja", sagte Michael Garfield, „ja, Zufall. Manchmal hat man eben Glück."

„Du bist einfach nur in deinem Lieblingsgarten spazierengegangen?"

„Eigentlich habe ich nach dem Wunschbrunnen gesucht", sagte Miranda.

„Einem Wunschbrunnen?"

„Ja, den soll es mal in diesem Wald gegeben haben."

„In einem früheren Steinbruch? Ich wußte gar nicht, daß es in Steinbrüchen Brunnen gibt."

„Um den Steinbruch herum war immer ein Wald. Michael weiß, wo der Brunnen ist, aber er will mir's nicht sagen."

„Es macht doch viel mehr Spaß", sagte Michael Garfield, „weiter danach zu suchen. Besonders wenn man gar nicht so sicher ist, daß er wirklich existiert hat."

„Die alte Mrs. Goodbody weiß davon."

Und sie fügte hinzu:

„Sie ist eine Hexe."

„Sehr richtig", sagte Michael. „Sie ist die Dorfhexe, Monsieur Poirot. Fast jedes Dorf hat seine Dorfhexe, wissen Sie. Sie nennen sie nicht immer so, aber jeder weiß Bescheid. Sie sagen wahr oder besprechen Ihre Begonien oder lassen Ihre Pfingstrosen verdorren, und Liebestränke mischen sie wahrscheinlich auch."

„Es war ein Wunschbrunnen", sagte Miranda. „Die Leute kamen her und wünschten sich was. Sie mußten dreimal rückwärts um den Brunnen gehen, und der stand am Abhang, so daß dies manchmal gar nicht so einfach war." Sie richtete ihren Blick an Poirot vorbei auf Michael Garfield. „Eines Tages werde ich ihn finden", sagte sie, „auch wenn Sie mir's nicht sagen. Er ist hier irgendwo, aber er ist zugeschüttet worden, sagt Mrs. Goodbody. Vor Jahren.

Weil er angeblich gefährlich sein sollte. Ein Kind ist einmal vor Jahren hineingefallen – Kitty Sowieso. Und noch jemand ist vielleicht hineingefallen."

„Schön, bleib bei deiner Meinung", sagte Michael Garfield. „Aber drüben in Little Belling ist wirklich ein Wunschbrunnen."

„Natürlich", sagte Miranda, „den kenne ich. Der ist ganz gewöhnlich", sagte sie. „Alle kennen ihn, und es ist richtig albern. Die Leute werfen Münzen rein, aber es ist gar kein Wasser mehr drin, und so platscht es nicht einmal."

„Das tut mir leid."

„Ich sag' Ihnen, wenn ich ihn finde", sagte Miranda.

„Du darfst nicht immer alles glauben, was dir eine Hexe erzählt. Ich glaube nicht, daß jemals ein Kind in den Brunnen gefallen ist. Ich nehme an, es wird eine Katze gewesen sein."

„Bim, bam, bum, die Katze liegt im Brunn'", sagte Miranda. Sie stand auf. „Ich muß jetzt gehen", sagte sie. „Mami wartet auf mich."

Sie lächelte beiden Männern zu und ging auf einem steinigen Pfad, der auf der anderen Seite des Bachs entlangführte, davon.

„Bim, bam, bum", sagte Poirot nachdenklich. „Man glaubt das, was man glauben will, Michael Garfield. Hatte sie recht oder nicht?"

Michael Garfield sah ihn lange an, dann lächelte er.

„Sie hat recht", sagte er. „Es gibt einen Brunnen, und er ist, genau wie sie sagt, zugeschüttet. Wahrscheinlich ist er gefährlich gewesen. Ich glaube aber nicht, daß er jemals ein Wunschbrunnen war. Das wird wohl Mrs. Goodbodys eigene Erfindung sein. Einen Wunschbaum gibt es oder gab es mal hier. Eine Buche auf halbem Weg zur Höhe, und ich glaube, um die sind die Leute dreimal rückwärts herumgegangen und haben sich dabei was gewünscht."

„Was ist mit der Buche passiert? Gehen sie nicht mehr drum herum?"

„Nein. Ich glaube, vor sechs Jahren hat der Blitz reingeschlagen. Sie ist mitten durchgespalten. Diese hübsche Legende ist also auch dahin."

„Haben Sie Miranda davon erzählt?"

„Nein. Ich hab' gedacht, ich lasse ihr lieber den Brunnen. Eine gespaltene Buche würde ihr keinen großen Spaß machen, meinen Sie nicht?"

„Ich muß gehen", sagte Poirot.

„Zu Ihrem Freund von der Polizei?"

„Ja."

„Sie sehen müde aus."

„Ich bin müde", sagte Hercule Poirot. „Ich bin außerordentlich müde."

„Sie hätten es mit Segeltuchschuhen oder Sandalen bequemer."

„Ah, *ça, non.*"

„Aha. Mit Ihrer Kleidung sind Sie eigen." Er betrachtete Poirot. „Der Gesamteindruck ist sehr gut und, wenn ich das sagen darf, ganz besonders Ihr süperber Schnurrbart."

„Es freut mich", sagte Poirot, „daß Sie ihn bemerkt haben."

„Die Frage ist doch vielmehr, ob ihn jemand nicht bemerken kann."

Poirot legte seinen Kopf schräg, dann sagte er:

„Sie haben gesagt, daß Sie die Zeichnung eben gemacht haben, um sich an Miranda erinnern zu können. Heißt das, daß Sie weggehen?"

„Ich spiele mit dem Gedanken, ja."

„Aber Sie sind, so scheint es mir, hier doch blendend untergebracht."

„O ja, durchaus. Ich habe ein Haus, in dem ich wohne, klein, aber von mir selbst entworfen, und ich habe meine

Arbeit, aber sie befriedigt mich nicht mehr so wie früher. Darum bin ich ein bißchen ruhelos."

„Warum befriedigt Sie Ihre Arbeit nicht mehr?"

„Weil die Leute die unmöglichsten Sachen von mir verlangen. Leute, die ihre Gärten verschönern wollen, und Leute, die ein Grundstück gekauft haben und ein Haus drauf bauen und einen Garten haben wollen."

„Arbeiten Sie nicht auch in Mrs. Drakes Garten?"

„Sie möchte das gern. Ich habe ihr Vorschläge gemacht, und sie schien damit einverstanden zu sein. Aber ich glaube trotzdem nicht", sagte er nachdenklich, „daß ich ihr trauen kann."

„Sie meinen, daß sie Sie das tun läßt, was Sie wollen?"

„Ich meine, daß sie bestimmt immer das durchsetzen wird, was sie haben will, und daß sie, obgleich sie von meinen Vorschlägen sehr angetan ist, plötzlich irgend etwas ganz anderes von mir verlangt. Irgend etwas Praktisches, Teures und Auffälliges vielleicht. Und ich glaube, sie würde mich herumkommandieren. Sie würde darauf bestehen, daß *ihre* Ideen ausgeführt werden. Ich würde damit nicht einverstanden sein, und wir würden uns zanken. So ist es also aufs Ganze gesehen besser, wenn ich hier verschwinde, bevor ich mich mit ihr zanke. Und nicht nur mit ihr, sondern auch mit vielen anderen Nachbarn. Ich bin sehr bekannt, ich brauche nicht an einem Ort zu bleiben. Ich könnte mich in irgendeiner anderen Ecke von England niederlassen oder in der Normandie oder in der Bretagne."

„Dort, wo Sie die Natur verbessern oder ihr weiterhelfen können? Dort, wo Sie experimentieren können, wo Sie Dinge pflanzen können, die nie vorher dort gewachsen sind, wo weder die Sonne verbrennen noch der Frost zerstören kann? Ein schönes Stück unfruchtbares Land, mit dem Sie noch einmal Schöpfer spielen können? Sind Sie schon immer ruhelos gewesen?"

„Ich bin nirgends sehr lange geblieben."

„Sind Sie schon mal in Griechenland gewesen?"

„Ja. Ich würde gern wieder hinfahren. Ja, Sie haben da etwas sehr Gutes gesagt. Ein Garten auf einem griechischen Hügel. Ein paar Zypressen wachsen vielleicht dort, nicht viel anderes. Ein unfruchtbarer Felsen. Aber was soll es dort nicht geben, wenn man nur will?"

„Ein Garten, von Göttern bewohnt –"

„Ja. Sie sind ein Gedankenleser, nicht wahr, Mr. Poirot?"

„Wenn ich es doch wäre! Es gibt so viele Dinge, die ich gern wissen würde und nicht weiß."

„Jetzt sprechen Sie von etwas ganz Prosaischem, nicht wahr?"

„Unseligerweise ja."

„Brandstiftung, Mord und plötzlichem Tod?"

„Mehr oder weniger. Mir ist allerdings nicht bewußt, daß Brandstiftung auch dazugehört. Sagen Sie, Mr. Garfield, Sie sind doch schon eine Zeitlang hier, haben Sie einen jungen Mann namens Lesley Ferrier gekannt?"

„Ja, ich erinnere mich an ihn. Er war in Medchester in einem Anwaltsbüro, nicht wahr? Fullerton, Harrison und Leadbetter. Gutaussehender Mann."

„Er kam sehr plötzlich zu Tode, nicht wahr?"

„Ja. Hat sich eines Abends ein Messer zwischen die Rippen stecken lassen. Irgendeine Frauengeschichte, soweit ich weiß. Alle scheinen zu denken, daß die Polizei sehr genau weiß, wer der Täter war, aber nicht genug Beweismaterial zusammenkriegen kann. Er war wohl ziemlich eng mit einer Frau namens Sandra liiert – ihren Zunamen weiß ich im Augenblick nicht mehr –, Sandra Sowieso, ja. Ihr Mann hatte die Dorfkneipe. Sie und Lesley hatten ein Verhältnis, und dann fing Lesley etwas mit einem anderen Mädchen an. So jedenfalls wird gesagt."

„Und Sandra war nicht einverstanden damit?"

„Nein, absolut nicht. Allerdings hatte er es sehr mit den Mädchen. Er hatte es mit zweien oder dreien."

„Waren das alles englische Mädchen?"

„Warum fragen Sie das? Nein, ich glaube nicht, daß er sich auf Engländerinnen beschränkte, wenn sie nur genug Englisch sprachen, um zu verstehen, was er sagte und was er wollte."

„Von Zeit zu Zeit gibt es hier in der Gegend doch bestimmt auch Ausländerinnen?"

„Natürlich. Gibt es irgendeine Gegend, wo sie nicht sind? *Au-pair*-Mädchen – sie gehören zum täglichen Leben. Häßliche, hübsche, ehrliche, unehrliche, einige, die überlasteten Müttern eine große Hilfe sind, und einige, die überhaupt keine Hilfe sind, und einige, die einfach weglaufen."

„Wie das Mädchen Olga."

„Sie sagen es, wie das Mädchen Olga."

„War Lesley mit Olga befreundet?"

„Ach, daher weht der Wind. Ja. Ich glaube aber nicht, daß Mrs. Levin-Smith viel davon wußte. Olga war sehr vorsichtig, glaube ich. Sie erzählte immer sehr ernsthaft von jemandem, den sie eines Tages in ihrem Heimatland heiraten wolle. Ich weiß nicht, ob das stimmte oder ob sie sich das ausgedacht hatte. Lesley war ein attraktiver junger Mann, wie ich schon gesagt habe. Ich weiß nicht, was er an Olga hatte – sie war keine Schönheit. Immerhin" – er überlegte einen Augenblick – „es ging eine gewisse Intensität von ihr aus. Ein junger Engländer mag das anziehend gefunden haben. Jedenfalls befreundete sich Lesley mit ihr, und seinen anderen Freundinnen war das gar nicht recht."

„Das ist hochinteressant", sagte Poirot. „Ich dachte mir doch, daß Sie mir die Auskünfte geben können, die ich brauche."

Michael Garfield sah ihn neugierig an.

„Wieso? Worum geht es eigentlich? Was hat Lesley

damit zu tun? Warum all das Herumwühlen in der Vergangenheit?“

„Nun ja, es gibt Dinge, über die man Bescheid wissen will. Man möchte gern wissen, wie es zu bestimmten Ereignissen gekommen ist. Ich gehe sogar noch weiter zurück. Vor die Zeit, in der die beiden, Olga Seminoff und Lesley Ferrier, sich heimlich, ohne Wissen von Mrs. Levin-Smith, trafen.“

„Aber genau weiß ich das gar nicht. Das ist nur so ein – na ja, ein Gedanke von mir. Ich habe sie beide ziemlich oft zusammen gesehen, aber Olga hat sich mir nie anvertraut. Und Lesley Ferrier kannte ich kaum.“

„Ich möchte noch weiter zurückgehen. Seine Vergangenheit hatte, wenn ich recht verstanden habe, gewisse Schönheitsfehler?“

„Ja, ich glaube. Jedenfalls wurde es hier im Ort gesagt. Mr. Fullerton stellte ihn ein und wollte einen ehrlichen Mann aus ihm machen. Ein guter Kerl, der alte Fullerton.“

„Die Anklage hatte, glaube ich, auf Fälschung gelautet?“

„Ja.“

„Er war nicht vorbestraft, und es heißt auch, er habe mildernde Umstände bekommen. Er hatte eine kranke Mutter, oder sein Vater war Säufer oder so was Ähnliches. Jedenfalls kam er mit einer leichten Strafe davon.“

„Über die Einzelheiten habe ich nie etwas gehört. Er hatte irgendwas gemacht, was zuerst niemand merkte, und dann kamen ihm die Buchprüfer auf die Spur. Ich kann nur ganz Unbestimmtes sagen. Ich habe es nur vom Hörensagen. Fälschung. Ja, so lautete die Anklage. Fälschung.“

„Und als dann Mrs. Levin-Smith starb und ihr Testament zur Testamentseröffnung eingereicht wurde, stellte sich heraus, daß es gefälscht war.“

„Ja, ich merke schon, worauf Sie hinauswollen. Sie bringen diese beiden Dinge in Verbindung.“

„Ein Mann, der bis zu einem gewissen Punkt mit einer Fälschung Erfolg hat. Ein Mann, der sich mit einem Mädchen anfreundet, das, wenn das Testament akzeptiert worden wäre, den größeren Teil eines riesigen Vermögens geerbt hätte."

„Ja, ja, genau so."

„Und dieses Mädchen und der Mann, der schon einmal eine Fälschung begangen hatte, waren enge Freunde. Er hatte seiner Freundin den Laufpaß gegeben und mit der Ausländerin angebändelt."

„Sie wollen damit sagen, daß das gefälschte Testament von Lesley Ferrier gefälscht worden ist."

„Das scheint doch wahrscheinlich, oder nicht?"

„Von Olga behauptet man, daß sie Mrs. Levin-Smith' Schrift recht gut nachmachen konnte, aber mir ist das immer etwas zweifelhaft erschienen. Sie schrieb handschriftlich Briefe in Mrs. Levin-Smith' Namen, aber ich glaube nicht, daß sie der Schrift der alten Dame besonders ähnlich waren. Bestimmt nicht ähnlich genug, um einen Vergleich auszuhalten. Aber wenn sie und Lesley das gemeinsam gemacht haben, dann ist das was anderes. Er konnte wahrscheinlich etwas ganz Passables zustande bringen und war sicherlich überzeugt, daß niemand es merken würde. Aber beim erstenmal war er davon auch schon überzeugt gewesen, und er hatte sich geirrt, und diesmal hatte er sich wohl wieder geirrt. Ich nehme an, als dann der Schuß nach hinten losging, als die Anwälte anfingen, Schwierigkeiten zu machen, und Sachverständige hinzugezogen wurden und Fragen stellten, hat sie die Nerven verloren und sich mit Lesley verkracht. Und dann hat sie sich aus dem Staub gemacht, in der Hoffnung, daß er den Sündenbock spielen würde."

Er schüttelte seinen Kopf heftig. „Warum kommen Sie hierher in meinen schönen Wald und erzählen mir lauter solche Sachen?"

„Weil ich es wissen wollte.“

„Es ist besser, wenn man es nicht weiß. Es ist besser, nie etwas zu wissen. Besser, alles so zu lassen, wie es ist. Nicht drin herumzuwühlen und herumzustochern.“

„Sie wollen Schönheit“, sagte Hercule Poirot. „Schönheit um jeden Preis. Ich will die Wahrheit. Immer die Wahrheit.“

Michael Garfield lachte. „Gehen Sie nach Hause zu Ihren Freunden von der Polizei, und lassen Sie mich hier in meinem Paradies. Hebe dich hinweg von mir, Satan.“

21

Poirot ging den Hügel hinauf. Plötzlich fühlte er die Schmerzen an seinen Füßen nicht mehr. Ihm war etwas aufgegangen. Ihm war aufgegangen, wie die Ereignisse zusammenpaßten, bei denen er immer das Gefühl gehabt hatte, ja gewußt hatte, daß sie zusammengehörten, und sich nur nicht hatte vorstellen können, wie. Er war sich jetzt einer Gefahr bewußt – einer Gefahr, die jetzt jeden Augenblick für jemanden zur Tragödie führen konnte, wenn man nichts dagegen unternahm.

Elspeth McKay kam ihm an der Tür entgegen. „Sie sehen völlig fertig aus“, sagte sie. „Kommen Sie und setzen Sie sich.“

„Ist Ihr Bruder da?“

„Nein. Er ist auf dem Revier. Ich glaube, es ist was passiert.“

„Es ist etwas passiert?“ Er war verblüfft. „So schnell? Unmöglich.“

„Wie?“ sagte Elspeth. „Was haben Sie gesagt?“

„Nichts. Nichts. Sie meinen, es ist jemandem etwas passiert?“

„Ja, aber ich weiß nicht genau, was. Jedenfalls hat Tim Raglan angerufen und ihn gebeten zu kommen. Ich mach' Ihnen eine Tasse Tee, ja?"

„Nein", sagte Poirot, „vielen Dank, aber ich glaube – ich glaube, ich gehe nach Hause." Die Aussicht auf schwarzen, bitteren Tee konnte er jetzt nicht ertragen. Und ihm fiel auch gleich eine gute Entschuldigung ein. „Meine Füße", erklärte er. „Meine Füße. Ich habe fürs Land nicht die richtigen Schuhe an. Ein Schuhwechsel dürfte wünschenswert sein."

Elspeth McKay sah hinunter auf seine Schuhe. „Nein", sagte sie, „es sind wirklich nicht die richtigen. In Lackleder schwellen die Füße leicht. Übrigens ist ein Brief für Sie hier. Ausländische Marken drauf. Ich hole ihn."

Sie kam in einer Minute zurück und gab ihm den Brief.

„Wenn Sie den Umschlag nicht mehr brauchen, würde ich ihn gern für einen meiner Neffen haben –, er sammelt Marken."

„Natürlich." Poirot öffnete den Brief und gab ihr den Umschlag. Sie dankte ihm und ging wieder zurück ins Haus.

Poirot faltete den Bogen auseinander und las.

Mr. Gobys Auslandsdienst arbeitete genauso gut wie der fürs Inland. Er scheute keine Ausgaben und erzielte schnelle Ergebnisse.

Gewiß, es waren keine welterschütternden Ergebnisse – aber damit hatte Poirot auch nicht gerechnet.

Olga Seminoff war nicht in ihre Heimatstadt zurückgekehrt. Ihre Familie lebte nicht mehr. Sie hatte eine Freundin gehabt, eine ältere Frau, mit der sie sporadisch korrespondiert und der sie über ihr Leben in England berichtet hatte. Sie hatte sich mit ihrer Arbeitgeberin gut verstanden, die gelegentlich schwierig, aber auch großzügig gewesen war.

Die letzten Briefe von Olga waren vor etwa anderthalb Jahren gekommen. Darin hatte sie einen jungen Mann erwähnt. Sie hatte angedeutet, daß sie an Heirat dächten, aber der junge Mann, dessen Namen sie nicht erwähnte, stehe erst am Anfang seiner beruflichen Laufbahn, so hatte sie geschrieben, und so sei noch nichts entschieden. In ihrem letzten Brief schrieb sie sehr glücklich, daß ihre Aussichten für die Zukunft gut seien. Als dann keine Briefe mehr kamen, nahm die Freundin an, daß Olga ihren Engländer geheiratet und ihre Adresse geändert habe. Das taten die Mädchen öfter, wenn sie nach England gingen. Wenn sie glücklich verheiratet waren, schrieben sie oft nie wieder.

Sie hatte sich keine Gedanken gemacht.

Das paßte, dachte Poirot. Lesley hatte von Heirat gesprochen, es aber vielleicht nicht ernst gemeint. Mrs. Levin-Smith war als ‚großzügig' bezeichnet worden. Lesley hatte von jemandem Geld bekommen, von Olga vielleicht (Geld, das ihr ursprünglich von ihrer Arbeitgeberin gegeben worden war), damit er ein Dokument zu ihren Gunsten fälschte.

Elspeth McKay kam zurück auf die Veranda. Poirot fragte sie, was sie von seiner Vermutung halte, daß Lesley und Olga ein Verhältnis miteinander hatten.

Sie überlegte einen Augenblick. Dann sprach das Orakel.

„Wenn's stimmt, haben sie sich aber sehr in acht genommen. Ich habe nie irgendein Gerücht über die beiden gehört. Üblicherweise gibt's in einem Dorf wie unserem sofort Gerede."

„Ferrier hatte ein Verhältnis mit einer verheirateten Frau. Er kann ja das Mädchen gewarnt haben, ihrer Arbeitgeberin nichts von ihm zu erzählen."

„Wahrscheinlich. Mrs. Levin-Smith hätte wahrscheinlich gewußt, daß Lesley Ferrier Dreck am Stecken hatte, und hätte das Mädchen vielleicht vor ihm gewarnt."

Poirot faltete den Brief zusammen und steckte ihn in die Tasche.

„Ich würde Ihnen so gern eine Kanne Tee aufbrühen."

„Nein, nein – ich muß zurück in meine Pension und

meine Schuhe wechseln. Sie wissen nicht, wann Ihr Bruder wieder da ist?“

„Ich habe keine Ahnung. Sie haben nicht gesagt, warum sie ihn gerufen haben.“

Poirot ging zurück zu seiner Pension. Es waren nur ein paar hundert Meter. Als er auf die Haustür zuging, wurde diese von seiner Pensionswirtin geöffnet, einer freundlichen Frau von dreißig Jahren.

„Es ist eine Dame für Sie da“, sagte sie. „Sie wartet schon eine ganze Weile. Ich hab' ihr gesagt, daß ich nicht genau weiß, wo Sie hingegangen sind oder wann Sie wieder zurückkommen, aber sie hat gesagt, sie will warten.“ Sie fügte hinzu: „Es ist Mrs. Drake. Sie ist völlig aufgelöst. Sie ist doch sonst immer so ruhig, aber ich glaube, sie hat einen Schock gehabt. Sie ist im Wohnzimmer. Soll ich Ihnen Tee bringen?“

„Nein“, sagte Poirot, „ich glaube, lieber nicht. Ich will erst mal hören, was sie zu sagen hat.“

Er öffnete die Tür und ging ins Wohnzimmer. Rowena Drake stand am Fenster. Es war nicht das Fenster zum Vorgarten, und so hatte sie sein Kommen nicht bemerkt. Sie drehte sich jäh um, als sie das Geräusch der Tür hörte.

„Monsieur Poirot. Endlich! Es hat so lange gedauert.“ rief Mrs. Drake.

„Es tut mir leid, Madame. Ich war im Steinbruchpark und außerdem bei meiner Freundin Mrs. Oliver. Und dann habe ich mich mit zwei Jungen unterhalten. Nicholas und Desmond.“

„Nicholas und Desmond? Ja, die kenne ich. Obwohl – oh! Man denkt so viel.“

„Sie sind erregt“, sagte Poirot leise.

Das war etwas, was er nie erwartet hätte. Rowena Drake erregt, nicht mehr Herrin der Ereignisse, nicht mehr in der Lage, alles zu planen und ihre Entscheidungen anderen aufzuzwingen. „Sie haben's schon gehört, nicht wahr?“ fragte sie. „Aber vielleicht auch nicht.“

„Was soll ich denn gehört haben?“

„Etwas Schreckliches. Er ist – er ist tot. Jemand hat ihn ermordet.“

„Wer ist tot, Madame?“

„Dann haben Sie es wirklich nicht gehört. Und er ist doch auch nur ein Kind, und ich dachte – oh, wie dumm bin ich gewesen. Ich hätte es Ihnen sagen müssen, als Sie mich gefragt haben. Es ist mir so gräßlich – ich fühle mich so schuldig, weil ich gedacht habe, ich wüßte es am besten, weil ich gedacht habe –, aber ich habe es gut gemeint, Monsieur Poirot, wirklich.“

„Setzen Sie sich, Madame, setzen Sie sich. Beruhigen Sie sich und erzählen Sie mir. Ein Kind ist tot – noch ein Kind?“

„Ihr Bruder“, sagte Mrs. Drake. „Leopold.“

„Leopold Reynolds?“

„Ja. Sie haben seine Leiche auf einem Feldweg gefunden. Er muß aus der Schule gekommen sein und einen Umweg gemacht haben, um am Bach in der Nähe zu spielen. Jemand hat ihn im Bach festgehalten – seinen Kopf unter Wasser gehalten.“

„Er ist also auf dieselbe Art umgekommen wie seine Schwester Joyce?“

„Ja, ja. Mir ist klar, das muß ein – ein Geistesgestörter getan haben. Und man weiß nicht, *wer* – das ist so entsetzlich. Man hat nicht die geringste Ahnung. Und ich habe gedacht – ich glaube, ja, ich glaube, das war sehr schlecht von mir.“

„Sie müssen mir alles erzählen, Madame.“

„Ja, das möchte ich auch gern. Deshalb bin ich ja hergekommen. Weil Sie doch zu mir kamen, nachdem Sie mit Elizabeth Whittaker gesprochen hatten. Nachdem sie Ihnen erzählt hatte, daß ich durch etwas erschreckt worden war.

Daß ich etwas gesehen hatte. In der Diele, in meiner Diele. Und ich habe gesagt, daß ich nichts gesehen hätte und daß mich nichts erschreckt hätte, weil ich dachte –" Sie hielt inne.

„Was *haben* Sie denn gesehen?"

„Das hätte ich Ihnen gleich erzählen müssen. Ich habe gesehen, wie sich die Tür zur Bibliothek öffnete, sehr vorsichtig öffnete – und dann kam er heraus. Das heißt, er kam nicht richtig heraus. Er blieb in der Tür stehen, und dann zog er die Tür schnell wieder zu und ging zurück ins Zimmer."

„Und wer war das?"

„Leopold. Leopold, das Kind, das jetzt ermordet worden ist. Und ich dachte – oh, was für ein Irrtum, was für ein schrecklicher Irrtum. Wenn ich's Ihnen gleich gesagt hätte, dann hätten Sie vielleicht herausbekommen, was dahintersteckte."

„Und Sie dachten?" fragte Poirot. „Und Sie dachten, daß Leopold seine Schwester umgebracht hatte? Dachten Sie das?"

„Ja. Nicht in dem Augenblick natürlich, denn da wußte ich ja noch nicht, daß sie tot war. Aber er hatte einen merkwürdigen Gesichtsausdruck. Er war schon immer ein merkwürdiges Kind. Auf eine Art hatte man ein bißchen Angst vor ihm, weil man das Gefühl hatte, daß nicht alles stimmt bei ihm. Sehr klug und einen hohen Intelligenzquotienten, aber trotzdem nicht ganz normal.

Und ich dachte: Warum kommt Leopold denn dort heraus und ist nicht beim Feuerdrachen? Und ich dachte: Was hat er denn gemacht – er sieht so komisch aus. Und dann, dann habe ich nicht mehr dran gedacht, aber ich glaube, sein Gesichtsausdruck hatte mich irgendwie erschreckt. Und darum habe ich die Vase fallen lassen. Elizabeth half mir dann, die Scherben aufzulesen, und ich ging zurück ins

Eßzimmer zum Feuerdrachen und dachte nicht mehr dran. Bis wir Joyce fanden. Und da dachte ich –"

„Da dachten Sie, daß Leopold das getan hatte." sagte Poirot.

„Ja. Ja, das habe ich wirklich gedacht. Ich dachte, das erklärt auch, warum er so ausgesehen hat. Ich dachte, ich wüßte es. Ich denke immer – mein ganzes Leben lang denke ich schon viel zu oft, daß ich Bescheid weiß, daß ich immer recht habe. Und dabei kann ich mich völlig irren. Denn Sie sehen ja, wenn er jetzt auch umgebracht worden ist, war ja alles ganz anders. Er muß in die Bibliothek gegangen sein, und er muß sie dort gefunden haben – tot –, und er hat einen wahnsinnigen Schreck bekommen und hat Angst gehabt. Und deshalb wollte er aus dem Zimmer hinaus, ohne gesehen zu werden, und ich nehme an, er sah hoch und bemerkte mich, und deshalb ist er ins Zimmer zurückgegangen und hat mit dem Herauskommen gewartet, bis die Diele leer war. Aber nicht, weil *er* sie umgebracht hatte. Nein. Nur vor Schreck, weil er sie gefunden hatte."

„Und trotzdem haben Sie nichts gesagt? Sie haben nicht erwähnt, wen Sie gesehen hatten, auch nachdem das tote Kind gefunden worden war?"

„Nein. Ich – ich konnte es nicht. Er ist – sehen Sie, er ist noch so klein – *war* noch so klein, muß man jetzt wohl sagen. Zehn. Ich hatte das Gefühl, daß er noch gar nicht wissen konnte, was er getan hatte. Er muß moralisch nicht verantwortlich gewesen sein. Er war immer schon ziemlich seltsam, und ich dachte, er könne geheilt werden. Ich wollte es nicht der Polizei überlassen. Er sollte nicht in ein staatliches Heim geschickt werden. Ich dachte, man könne ihn, wenn nötig, psychotherapeutisch behandeln lassen. Ich – ich habe es gut gemeint. Sie müssen mir glauben, daß ich es gut gemeint habe."

Was für ein trauriger Ausspruch, dachte Poirot, einer der

traurigsten auf der Welt. Mrs. Drake schien seine Gedanken zu lesen.

„Ja", sagte sie, „ich habe es zu seinem Besten getan, ich habe es gut gemeint. Man denkt immer, man weiß, was das Beste für andere Leute ist, aber man weiß es *nicht.* Denn der Grund für sein merkwürdiges Aussehen muß entweder gewesen sein, daß er gesehen hatte, wer der Mörder war, oder daß er etwas bemerkt hatte, aus dem man auf den Mörder schließen konnte. Jedenfalls etwas, was dem Mörder das Gefühl gab, nicht mehr sicher zu sein. Und also – also hat er gewartet, bis er den Jungen mal allein erwischen konnte, und hat ihn dann im Bach ertränkt, damit er nichts mehr sagen konnte. Wenn ich doch nur was gesagt hätte, wenn ich es doch nur Ihnen oder der Polizei erzählt hätte oder irgend jemandem, aber ich dachte, ich wüßte es besser."

„Erst heute", sagte Poirot, nachdem er einen Augenblick schweigend dagesessen und Mrs. Drake betrachtet hatte, die versuchte, ihr Schluchzen zu unterdrücken, „erst heute hat man mir erzählt, daß Leopold in letzter Zeit sehr gut bei Kasse war. Jemand muß ihm Schweigegeld gegeben haben."

„Aber wer – wer?"

„Das werden wir bald wissen", sagte Poirot. „Es dauert nicht mehr lange."

22

Es war eigentlich nicht Hercule Poirots Art, andere um ihre Meinung zu fragen. Er war im allgemeinen mit seiner eigenen Meinung sehr zufrieden. Trotzdem gab es Fälle, bei denen er eine Ausnahme machte. Dies war einer davon. Nach einer kurzen Unterhaltung mit Spence setzte er sich mit einem Mietwagenunternehmen in Verbindung, und nach einer zweiten Unterhaltung, an der auch Inspektor Raglan beteiligt war, fuhr er davon. Er hatte den Chauffeur angewiesen, nach London zu fahren, aber vor der Schule ließ er anhalten, sagte dem Chauffeur, daß es nicht lange dauern würde, und ließ sich dann zu Miss Emlyn führen.

„Verzeihen Sie, daß ich Sie zu dieser Stunde störe. Wahrscheinlich sind Sie gerade beim Abendessen."

„Nun, ich bin davon überzeugt, Monsieur Poirot – und nehmen Sie das bitte als Kompliment –, daß Sie mich niemals ohne guten Grund beim Abendessen stören würden."

„Sie sind sehr liebenswürdig. Um es ganz offen zu sagen, ich brauche Ihren Rat."

„So?"

Miss Emlyn sah überrascht aus. Sie sah mehr als überrascht aus, nämlich skeptisch.

„Das scheint mir aber nicht sehr typisch für Sie, Monsieur Poirot. Kommen Sie nicht im allgemeinen recht gut mit Ihrer eigenen Meinung aus?"

„Ja, aber es würde mich beruhigen und in meiner Meinung bestärken, wenn ich wüßte, daß sie von jemandem, dessen Urteil ich respektiere, geteilt wird."

Sie sagte nichts, sondern sah ihn nur fragend an.

„Ich weiß, wer Joyce Reynolds ermordet hat", sagte er. „Und ich bin der Überzeugung, daß Sie das auch wissen."

„Das habe ich nie gesagt", wandte Miss Emlyn ein.

„Nein. Gesagt haben Sie es nicht, und das hat mich auf den Gedanken gebracht, daß Sie bis jetzt nur annehmen, es zu wissen."

„Gut, ich will zugeben, daß ich einen bestimmten Verdacht habe. Das heißt aber nicht, daß ich ihn jemandem mitteilen werde."

„Wissen Sie, was ich gern tun würde, Mademoiselle? Ich

würde gern vier Wörter auf einen Zettel schreiben. Und dann würde ich Sie gern fragen, ob Sie mit diesen vier Wörtern einverstanden sind."

Miss Emlyn erhob sich. Sie ging zu ihrem Schreibtisch, nahm einen Bogen Papier und brachte ihn Poirot.

„Sehr interessant", sagte sie. „Vier Wörter."

Poirot schrieb etwas auf den Bogen, faltete ihn und gab ihn Miss Emlyn. Sie nahm das Papier, strich es glatt und las.

„Nun?" fragte Poirot.

„Mit zwei Wörtern bin ich einverstanden, ja. Bei den anderen beiden ist es schwieriger. Ich habe keine Beweise, und außerdem ist mir dieser Gedanke noch gar nicht gekommen."

„Aber im Zusammenhang mit den ersten beiden Wörtern *haben* Sie Beweise?"

„Meiner Meinung nach ja."

„Wasser", sagte Poirot nachdenklich. „Sobald Sie das gehört hatten, wußten Sie Bescheid. Sobald ich das gehört hatte, wußte ich Bescheid. Sie sind überzeugt, und ich bin auch überzeugt. Und jetzt", sagte Poirot, „ist ein Junge im Bach ertränkt worden. Sie haben davon gehört?"

„Ja. Jemand hat angerufen und es mir gesagt. Joyces Bruder. Was hatte er damit zu tun?"

„Leopold wollte Geld", sagte Poirot. „Er bekam es. Und folglich wurde er bei nächster Gelegenheit im Bach ertränkt."

Seine Stimme wurde härter.

„Die Person, die mir das erzählt hat", sagte er, „war vor Mitleid und Schreck völlig außer sich. Das bin ich nicht. Er war noch jung, aber sein Tod war kein Zufall. Er war, wie so vieles im Leben, das Ergebnis seiner Handlungen. Er wollte Geld und nahm das Risiko auf sich. Er war erst zehn Jahre alt, aber Ursache und Wirkung sind in diesem Alter dieselben wie mit dreißig oder fünfzig oder neunzig Jahren. Wissen Sie, woran ich in einem solchen Fall zuerst denke?"

„Ich würde sagen", antwortete Miss Emlyn, „daß Ihnen das Recht mehr am Herzen liegt als das Mitleid."

„Mein Mitleid", sagte Poirot, „würde Leopold nicht helfen. Alle Hilfe kommt bei ihm zu spät. Das Recht, könnte man sagen, wird Leopold auch nicht mehr helfen. Aber es kann einem anderen Leopold helfen, mit seiner Hilfe bleibt vielleicht ein anderes Kind am Leben, wenn das Recht früh genug zum Zuge kommt. Vor einem Mörder, der mehr als einmal getötet hat, der sich durch immer neue Morde abzusichern bestrebt ist, ist niemand sicher. Ich bin jetzt auf dem Weg nach London. Ich bin dort mit gewissen Leuten verabredet, um mit ihnen unser weiteres Vorgehen zu besprechen. Um sie vielleicht zu meiner Meinung von dem Fall zu bekehren."

„Das kann schwierig werden", sagte Miss Emlyn.

„Nein, das glaube ich nicht. Aber ich möchte Sie noch etwas fragen. Ich möchte gern Ihre Meinung hören. Nur Ihre Meinung, keine Beweise. Ihre Meinung über Nicholas Ransom und Desmond Holland. Würden Sie mir den Rat geben, ihnen zu vertrauen?"

„Ich würde sagen, daß beide durchaus vertrauenswürdig sind. Das ist meine Meinung. Sie sind in mancher Hinsicht mehr als kindisch, aber das sind nur unwichtige Dinge. Grundsätzlich sind sie in Ordnung. Wie ein Apfel ohne Made."

„Man kommt immer wieder auf Äpfel zurück", sagte Hercule Poirot traurig. „Ich muß jetzt gehen. Mein Wagen wartet. Ich muß noch einen Besuch machen."

23

„Haben Sie schon gehört, was im Wald am Steinbruch los ist?“ sagte Mrs. Cartwright und legte ein Paket Haferflokken und ein Päckchen Waschpulver in ihren Korb.

„Im Wald am Steinbruch?“ sagte Elspeth McKay, mit der sie gesprochen hatte. „Nein, ich hab’ nichts weiter gehört.“ Sie nahm ein Päckchen Reis aus dem Regal. Beide Frauen machten gerade ihre Einkäufe in dem neu eröffneten Supermarkt.

„Angeblich sollen die Bäume dort gefährlich sein. Zwei Männer vom Forstamt sind heute morgen angekommen. Sie arbeiten am Hang, wo es ganz steil runtergeht und ein Baum ganz schief steht. Kann schon sein, daß da mal ein Baum umfallen kann. In einen hat ja mal der Blitz eingeschlagen, aber der stand, glaube ich, weiter drüben. Na, jedenfalls graben sie an den Wurzeln herum und ein bißchen weiter unten auch. Schade, sie werden eine furchtbare Verwüstung anrichten.“

„Ach, ich weiß nicht“, sagte Elspeth McKay. „Sie werden schon wissen, was sie tun. Irgend jemand wird sie ja gerufen haben.“

„Zwei Polizisten sind auch da und passen auf, daß niemand zu nah rankommt. Angeblich wollen sie erst nachprüfen, welches die kranken Bäume sind.“

„Ach so“, sagte Elspeth McKay.

Wahrscheinlich wußte sie, worum es ging. Zwar hatte ihr niemand etwas gesagt, aber Elspeth brauchte man auch nichts zu sagen.

Ariadne Oliver entfaltete ein Telegramm, das sie gerade an der Tür entgegengenommen hatte.

BITTE MRS. BUTLER UND MIRANDA SOFORT IN DIE WOHNUNG BRINGEN. KEINE ZEIT VERLIEREN. ARZT MUSS UNBEDINGT WEGEN OPERATION KONSULTIERT WERDEN.

Sie ging in die Küche, wo Judith Butler gerade Quittengelee kochte.

„Judy", sagte Mrs. Oliver, „geh und pack ein paar Sachen ein. Ich fahre zurück nach London, und du kommst mit und Miranda auch."

„Das ist sehr nett von dir, Ariadne, aber ich habe zu tun. Und du brauchst doch auch nicht gerade heute loszustürzen, nicht?"

„Doch, ich muß, ich habe gerade Bescheid bekommen", sagte Mrs. Oliver.

„Von wem? Deiner Haushälterin?"

„Nein", sagte Mrs. Oliver. „Von jemand anderem. Von einem der wenigen Leute, denen ich gehorche. Komm, beeil dich."

„Ich möchte nicht von zu Hause weg. Im Augenblick nicht."

„Du mußt", sagte Mrs. Oliver. „Der Wagen steht bereit, ich hab' ihn vor die Tür gefahren. Wir können sofort fahren."

„Miranda möchte ich aber nicht mitnehmen. Ich könnte sie hier bei jemandem lassen, bei Reynolds oder bei Rowena Drake."

„Miranda kommt auch mit", unterbrach Mrs. Oliver sie mit Bestimmtheit. „Mach jetzt bitte keine Schwierigkeiten, Judy. Die Sache ist wirklich sehr ernst. Ich verstehe auch nicht, wie du überhaupt daran denken kannst, sie bei Reynolds zu lassen. Zwei ihrer Kinder sind immerhin ermordet worden."

„Ja, ja, das stimmt. Du meinst, in dem Haus ist etwas

nicht ganz richtig. Ich meine, daß da jemand ist – oh, was meine ich eigentlich?"

„Wir reden zuviel", sagte Mrs. Oliver. „Übrigens", fügte sie hinzu, „wenn noch jemand ermordet werden sollte, dann ist es wahrscheinlich Ann Reynolds."

„Was ist bloß los mit dieser Familie? Warum sollen denn alle ermordet werden, einer nach dem anderen? Oh, Ariadne, es ist zum Angsthaben!"

„Ja", sagte Mrs. Oliver, „aber es gibt Zeiten, in denen es gut ist, wenn man Angst hat. Ich habe gerade ein Telegramm bekommen, und ich richte mich nach den Anweisungen, die darin stehen."

„So? Ich habe das Telefon gar nicht gehört."

„Es ist gebracht worden."

Sie zögerte einen Augenblick, dann reichte sie ihrer Freundin das Telegramm.

„Was heißt das? Operation?"

„Mandeln wahrscheinlich", sagte Mrs. Oliver. „Miranda hatte letzte Woche doch Halsentzündung, nicht? Na, was liegt also näher, als daß sie in London einen Halsspezialisten aufsucht?"

„Bist du denn ganz verrückt, Ariadne?"

„Wahrscheinlich", sagte Mrs. Oliver, „mit Schaum vor dem Mund. Komm. Miranda wird in London auf ihre Kosten kommen. Mach dir keine Sorgen. Sie wird nicht operiert. Das ist nur Tarnung. Wir werden mit ihr ins Theater gehen oder in die Oper oder ins Ballett, ganz nach ihrem Geschmack."

„Ich habe Angst", sagte Judith.

Ariadne Oliver sah ihre Freundin an. Sie zitterte. Sie sah mehr denn je wie Undine aus, dachte Mrs. Oliver. Nicht ganz von dieser Welt.

„Nun kommt schon", sagte Mrs. Oliver. „Ich habe Hercule Poirot versprochen, euch in meine Wohnung zu bringen, wenn er mir's sagt. Na ja, und er hat es mir jetzt gesagt."

„Was geht hier vor?" fragte Judith. „Ich kann gar nicht verstehen, warum ich überhaupt je hierhergezogen bin."

„Ich habe mich das manchmal auch schon gefragt", sagte Mrs. Oliver. Sie ging in den Garten und rief: „Miranda, wir fahren nach London."

Miranda kam ihnen langsam entgegen.

„Nach London?"

„Ariadne fährt uns hin", sagte ihre Mutter. „Wir gehen ins Theater. Mrs. Oliver meint, sie kann vielleicht Karten fürs Ballett bekommen. Würdest du gern ins Ballett gehen?"

„Au ja, gern", sagte Miranda. Ihre Augen leuchteten. „Aber erst muß ich einem Freund auf Wiedersehen sagen."

„Wir fahren aber gleich."

„Oh, so lange dauert das nicht, aber ich muß ihm alles erklären. Ich habe ihm was versprochen."

Sie rannte den Weg hinunter und durch die Gartenpforte hinaus.

„Wer sind Mirandas Freunde?" fragte Mrs. Oliver neugierig.

„Das weiß ich nie richtig", sagte Judith. „Sie erzählt einem ja nichts. Manchmal denke ich, daß die einzigen Lebewesen, die sie wirklich als Freunde empfindet, die Vögel sind, die sie im Wald beobachtet. Oder Eichhörnchen und andere Tiere. Ich glaube, alle mögen sie, aber sie hat keine besonderen Freunde. Ich meine, sie bringt keine Mädchen mit zum Tee oder so etwas. Nicht so oft wie andere Mädchen. Ich glaube, ihre beste Freundin war Joyce Reynolds." Sie fügte hinzu: „Joyce erzählte ihr immer phantastische Geschichten von Elefanten und Tigern." Sie gab sich einen Ruck. „Ja, dann werde ich mal packen, wenn du darauf bestehst. Aber ich habe gar keine Lust wegzufahren. Ich habe so viel angefangen, das Quittengelee zum Beispiel und –"

„Du mußt mitkommen", sagte Mrs. Oliver. Sie war unnachgiebig.

Judith kam eben mit zwei Koffern wieder die Treppe herunter, als Miranda etwas atemlos durch die Seitentür gerannt kam.

„Essen wir nicht erst zu Mittag?" fragte sie.

Trotz ihrer elfenhaften Erscheinung war sie ein gesundes Kind, das gern aß.

„Wir kehren unterwegs ein", sagte Mrs. Oliver. „Wir fahren zum ‚Schwarzen Buben' in Haversham. Das kommt gerade hin. Wir brauchen eine Dreiviertelstunde von hier, und es gibt dort sehr gutes Essen. Komm jetzt, Miranda!"

„Dann hab' ich wohl keine Zeit mehr, Cathie zu sagen, daß ich morgen nicht mit ihr ins Kino gehen kann. Oder vielleicht kann ich sie anrufen."

„Gut, dann beeil dich", sagte ihre Mutter.

Miranda rannte ins Wohnzimmer, wo das Telefon stand. Judith und Mrs. Oliver luden die Koffer in den Wagen. Miranda kam wieder aus dem Wohnzimmer.

„Ich habe eine Nachricht hinterlassen", sagte sie atemlos. „Das ist erledigt."

„Ich glaube, du bist verrückt, Ariadne", sagte Judith, als sie ins Auto stiegen. „Völlig verrückt. Worum geht's denn eigentlich?"

„Das werden wir schon erfahren, nehme ich an", sagte Mrs. Oliver. „Ich weiß nicht, ob ich verrückt bin oder ob er es ist."

„Er? Wer?"

„Hercule Poirot", sagte Mrs. Oliver.

Hercule Poirot saß in London mit vier anderen Männern in einem Zimmer. Einer war Inspektor Timothy Raglan, der zweite Superintendent Spence, der dritte Alfred Richmond, der Chief Constable der Grafschaft, und der vierte ein Mann von der Staatsanwaltschaft. Die vier Männer sahen Hercule Poirot an.

„Sie scheinen ganz sicher, Monsieur Poirot?“

„Ich *bin* ganz sicher“, sagte Hercule Poirot. „Wenn sich gewisse Vorgänge so zu ordnen beginnen, daß einem klar wird, so und so muß es gewesen sein, dann sucht man nur noch nach Gründen, warum es *nicht* so und so gewesen sein kann. Wenn man diese Gründe nicht findet, dann wird man in seiner Meinung bestärkt.“

„Die Motive scheinen etwas kompliziert, wenn ich das sagen darf.“

„Nein“, sagte Poirot, „nicht wirklich kompliziert. Sondern so einfach, daß es sehr schwer ist, sie klar zu erkennen.“

Der Herr von der Staatsanwaltschaft sah sehr skeptisch aus.

„Ein ganz eindeutiges Beweisstück wird uns ja in Kürze vorliegen“, sagte Inspektor Raglan. „Natürlich, wenn wir uns in dieser Hinsicht geirrt haben ...“

„Bim, bam, bum, keine Katze liegt im Brunn'?“ sagte Hercule Poirot. „Meinen Sie das?“

„Na ja, Sie müssen doch zugeben, daß es sich nur um eine Vermutung von Ihrer Seite handelt.“

„Alle Tatsachen deuteten von Anfang an in diese Richtung. Wenn ein Mädchen verschwindet, gibt es dafür nicht viele Gründe. Der erste ist, sie ist mit einem Mann durchgebrannt. Der zweite ist, sie ist tot. Alles andere ist weit hergeholt und kommt so gut wie nie vor.“

„Gibt es noch andere Punkte, die Sie uns vortragen können, Monsieur Poirot?“

„Ja. Ich habe mich mit einer bekannten Immobilienfirma in Verbindung gesetzt. Sie hat sich auf Grundstücke in

Westindien, an der Ägäis, der Adria, am Mittelmeer und so weiter spezialisiert. Ihre Klienten sind im allgemeinen wohlhabend. Hier ist ein kürzlich getätigter Kauf, der Sie interessieren wird."

Er reichte ein zusammengefaltetes Papier hinüber.

„Und Sie glauben, das hat damit zu tun?"

„Ich bin ganz sicher."

„Ich dachte, der Verkauf von Inseln ist von der dortigen Regierung verboten worden?"

„Geld findet immer eine Möglichkeit."

„Und sonst gibt es nichts, was Sie uns noch sagen können?"

„Es ist möglich, daß ich innerhalb von vierundzwanzig Stunden etwas für Sie habe, das die Sache zum Abschluß bringt."

„Und was ist das?"

„Ein Augenzeuge."

„Sie meinen –?"

„Ein Augenzeuge eines Verbrechens."

Der Herr von der Staatsanwaltschaft sah Poirot immer ungläubiger an.

„Wo ist dieser Augenzeuge jetzt?"

„Auf dem Weg nach London, wie ich inständigst hoffe."

„Sie klingen – beunruhigt."

„Das stimmt. Ich habe getan, was ich tun konnte, um Vorkehrungen zu treffen, aber ich muß gestehen, ich habe Angst. Ja, ich habe Angst, trotz aller Vorsichtsmaßnahmen. Denn sehen Sie, wir haben es hier mit – wie soll ich es ausdrücken? – Skrupellosigkeit zu tun, mit schneller Reaktion, mit einer Gier, die das Maß des menschlich zu Erwartenden sprengt, und vielleicht mit einem Anflug von, sagen wir einmal, Gestörtheit, die nicht von Anfang an da war, sondern kultiviert worden ist."

„Wir müssen noch ein paar andere Meinungen dazu

hören“, sagte der Herr von der Staatsanwaltschaft. „Wir dürfen nichts übers Knie brechen. Natürlich hängt eine Menge von der Forstverwaltung und ihrer Arbeit ab. Wenn da das Ergebnis positiv ist, dann können wir weitermachen, aber wenn es negativ ist, müssen wir wieder überlegen.“

Hercule Poirot erhob sich.

„Ich darf mich verabschieden. Ich habe Ihnen alles erzählt, was ich weiß, und alles, was ich fürchte und für möglich halte. Ich bleibe mit Ihnen in Verbindung.“

Er schüttelte allen mit ausländischer Genauigkeit die Hand und verließ den Raum.

„Der Mann ist ein Hochstapler“, sagte der Herr von der Staatsanwaltschaft. „Glauben Sie, daß er einen kleinen Stich hat? Jedenfalls ist er ganz schön alt. Ich weiß nicht, ob man sich auf die Geisteskräfte eines Mannes in diesem Alter noch verlassen kann.“

„Ich glaube, Sie können sich auf ihn verlassen“, sagte der Chief Constable. „Das ist zumindest mein Eindruck. Spence, ich kenne Sie nun schon eine ganze Reihe von Jahren. Er ist Ihr Freund. Glauben Sie, daß er ein bißchen senil geworden ist?“

„Nein“, sagte Superintendent Spence. „Was meinen Sie, Raglan?“

„Ich habe ihn erst vor kurzem kennengelernt, Sir. Zuerst dachte ich – na ja, so wie er denkt und sich benimmt –, daß er ein bißchen verdreht ist. Aber ich bin bekehrt. Ich glaube, es wird sich erweisen, daß er recht hat.“

24

Mrs. Oliver hatte sich an einem Fenstertisch im „Schwarzen Buben“ niedergelassen. Es war noch ziemlich früh und noch entsprechend leer. Schließlich kam Judith Butler zurück vom Nasepudern, setzte sich ihr gegenüber und begann die Speisekarte zu lesen.

„Was ißt Miranda gern?" fragte Mrs. Oliver. „Wir können doch schon für sie mitbestellen, sie ist sicher gleich da."

„Sie ißt gern Brathähnchen."

„Na, dann ist es ja einfach. Und du?"

„Ich nehme dasselbe."

„Drei Brathähnchen", bestellte Mrs. Oliver.

Sie lehnte sich zurück und betrachtete ihre Freundin.

„Warum starrst du mich so an?"

„Ich habe gerade was gedacht", sagte Mrs. Oliver.

„Was denn?"

„Wie wenig ich doch im Grunde über dich weiß."

„Nun ja, so geht es einem doch aber mit jedem, nicht?"

„Du meinst, man weiß über niemanden alles."

„Ja."

„Vielleicht hast du recht", sagte Mrs. Oliver.

Beide Frauen saßen eine Zeitlang schweigend da.

„Scheint ziemlich lange zu dauern, bis das Essen kommt."

„Es kommt, glaube ich, gerade", sagte Mrs. Oliver.

Eine Kellnerin kam mit einem Tablett voller Schüsseln.

„Miranda bleibt aber lange weg. Weiß sie, wo das Restaurant ist?"

„Ja, natürlich. Wir haben, bevor wir zum Waschraum gingen, hineingesehen." Judith stand ungeduldig auf. „Ich muß wohl gehen und sie holen."

„Vielleicht ist ihr schlecht vom Autofahren?"

„Früher, als sie kleiner war, ist ihr immer schlecht geworden."

Vier oder fünf Minuten später kam sie zurück.

„Sie ist nicht im Waschraum", sagte sie. „Hinten ist ein Ausgang zum Garten. Vielleicht ist sie dort hinausgegangen, um einen Vogel zu beobachten. Das macht sie oft."

„Heute ist keine Zeit für so etwas", sagte Mrs. Oliver „Geh und ruf sie. Wir müssen weiter."

Elspeth McKay stach mit einer Gabel in zwei Bratwürste, legte sie auf einen Teller und schob sie in den Kühlschrank. Dann fing sie an, Kartoffeln zu schälen.

Das Telefon klingelte.

„Mrs. McKay? Hier ist Sergeant Goodwin. Ist Ihr Bruder da?"

„Nein. Er ist heute nach London gefahren."

„Ich hab' dort angerufen – er ist schon weg. Wenn er zurückkommt, dann sagen Sie ihm doch, das Ergebnis ist positiv."

„Sie meinen, Sie haben eine Leiche im Brunnen gefunden?"

„Na ja, man braucht es jetzt nicht mehr geheimzuhalten, es ist inzwischen doch überall rum."

„Wer ist es? Das *Au-pair*-Mädchen?"

„Scheint so."

„Armes Ding", sagte Elspeth. „Hat sie sich selbst reingestürzt – oder was?"

„Es war kein Selbstmord – sie ist erstochen worden. Es ist richtiger Mord."

Nachdem ihre Mutter den Waschraum verlassen hatte, wartete Miranda ein paar Minuten. Dann öffnete sie die Tür zum Garten und rannte den Weg entlang, der nach hinten zu den ehemaligen Stallungen führte, die jetzt zu Garagen umgebaut waren. Dort schlüpfte sie durch eine kleine Tür in der Mauer auf einen Seitenweg. In einiger Entfernung stand ein geparkter Wagen. Am Lenkrad saß ein Mann mit buschigen grauen Augenbrauen und einem grauen Bart und las die Zeitung. Miranda öffnete die Tür und stieg ein. Sie lachte.

„Sie sehen wirklich ulkig aus.“

„Lach dich nur schief. Nichts hindert dich.“

Das Auto fuhr an, den Weg hinunter, bog rechts ab, dann links, dann wieder rechts und gelangte schließlich auf eine Landstraße.

„Wir schaffen es mit der Zeit“, sagte der graubärtige Mann. „Du wirst die Doppelaxt genau in dem Augenblick sehen, in dem sie gesehen werden muß. Und Kilterbury Ring auch. Ein herrlicher Blick.“

Ein Auto raste so dicht an ihnen vorbei, daß sie fast in die Hecke gedrückt wurden.

„Idioten“, sagte der graubärtige Mann.

Einer der jungen Männer in dem Wagen hatte bis über die Schultern hängendes langes Haar und eine riesige, eulenhafte Brille. Der andere hatte sich mit seinen langen Koteletten mehr ins Spanische stilisiert.

„Und Sie meinen nicht, daß Mami sich Sorgen machen wird?“ fragte Miranda.

„Dazu wird sie gar keine Zeit haben. Wenn sie anfängt, sich Sorgen zu machen, bist du längst dort, wo du sein willst.“

In London ging Hercule Poirot zum Telefon. Mrs. Olivers Stimme klang aus dem Hörer.

„Wir haben Miranda verloren.“

„Was soll das heißen: verloren?“

„Wir wollten im ‚Schwarzen Buben‘ Mittag essen. Sie ist aufs Klo gegangen und nicht zurückgekommen. Jemand hat gesagt, daß sie mit einem älteren Herrn weggefahren sei. Aber das war sie vielleicht gar nicht. Es kann jemand anders gewesen sein. Es –“

„Es hätte jemand bei ihr bleiben müssen. Sie beide hätten sie nicht aus den Augen lassen dürfen. Ich habe doch gesagt, daß Gefahr besteht. Ist Mrs. Butler sehr beunruhigt?“

„Natürlich. Was denken Sie denn? Sie ist völlig aufgelöst. Sie will unbedingt die Polizei anrufen."

„Ja, das wäre das natürlichste. Ich werde sie auch anrufen."

„Aber warum soll Miranda denn in Gefahr sein?"

„Wissen Sie das nicht? Das müßten Sie eigentlich langsam." Er fügte hinzu: „Man hat die Leiche gefunden. Ich habe es gerade gehört –"

„Was für eine Leiche?"

„Eine Leiche in einem Brunnen."

25

„Es ist herrlich hier", sagte Miranda und blickte um sich.

Kilterbury Ring war eine lokale Sehenswürdigkeit, obgleich seine Überreste nicht besonders berühmt waren. Sie waren schon vor vielen hundert Jahren abgerissen worden. Aber hier und da standen immer noch vereinzelt Megalithe und erzählten von lange vergangenen rituellen Zeremonien. Miranda stellte neugierig Fragen.

„Wofür waren all die Steine hier?"

„Für die rituelle Anbetung der Götter, für rituelle Opfer. Du verstehst doch, was ein Opfer ist, nicht wahr, Miranda?"

„Ich glaube."

„Es muß sein, weißt du. Es ist sehr wichtig."

„Meinen Sie, es ist *doch* keine Art Strafe? Es ist etwas anderes?"

„Ja, etwas anderes. Du stirbst, damit andere leben können. Du stirbst, damit die Schönheit leben kann. Damit sie aufersteht. Das ist wichtig."

„Ich habe gedacht, vielleicht –"

„Ja, Miranda?"

„Ich habe gedacht, vielleicht müßten eigentlich Sie sterben, weil das, was Sie getan haben, jemand anderen getötet hat."

„Wie kommst du denn darauf?"

„Ich habe dabei an Joyce gedacht. Wenn ich ihr nicht etwas Bestimmtes erzählt hätte, dann hätte sie doch nicht zu sterben brauchen, nicht?"

„Vielleicht nicht."

„Seit Joyce tot ist, mache ich mir Gedanken. Ich hätt's ihr nicht zu erzählen brauchen, nicht wahr? Ich habe es ihr erzählt, weil ich auch mal was zu erzählen haben wollte. Sie war in Indien gewesen und redete dauernd davon – von den Tigern und den Elefanten und ihren goldenen Schmuckgehängen. Und ich glaube auch – plötzlich wollte ich gern, daß jemand es weiß, weil ich vorher nämlich gar nicht richtig darüber nachgedacht hatte." Sie fügte hinzu: „War – war *das* auch ein Opfer?"

„Auf eine Art, ja."

Miranda blieb nachdenklich und sagte schließlich: „Ist es noch nicht Zeit?"

„Die Sonne steht noch nicht ganz richtig. Noch fünf Minuten vielleicht, dann fällt sie direkt auf den Stein."

Wieder saßen sie schweigend neben dem Wagen.

„Ich glaube, *jetzt*", sagte Mirandas Begleiter und blickte in den Himmel und zur Sonne, die langsam dem Horizont entgegensank. „Jetzt ist ein wunderbarer Augenblick. Niemand ist hier. Um diese Tageszeit kommt niemand hier herauf. Ich zeige dir erst die Doppelaxt. Die Doppelaxt auf dem Stein. In den Stein gehauen, als er vor Hunderten von Jahren aus Mykene und Kreta kam. Das ist wunderbar, nicht wahr, Miranda?"

„Ja, sehr", sagte Miranda. „Zeigen Sie sie mir."

Sie gingen zu dem höchstgelegenen Stein.

„Bist du glücklich, Miranda?"

„Ja, ich bin sehr glücklich."

„Das ist das Zeichen, *hier*."

„Ist das wirklich die Doppelaxt?"

„Ja, sie ist undeutlich geworden in den vielen Jahren, aber sie ist es. Das ist das Symbol. Leg deine Hand darauf. Und jetzt – jetzt trinken wir auf die Vergangenheit und die Zukunft und die Schönheit."

„Oh, wie schön!" sagte Miranda.

Ihr Begleiter gab ihr einen goldenen Becher in die Hand und schenkte aus einem Fläschchen eine goldene Flüssigkeit ein.

„Es schmeckt nach Obst, nach Pfirsich. Trink, Miranda, und du wirst noch glücklicher sein."

Miranda hob den goldenen Becher. Sie roch daran.

„Ja. Ja, es riecht wirklich nach Pfirsich. Oh, sehen Sie da – die Sonne! Wie richtiges rotes Gold, als ob sie auf dem Rand der Erde liegt!"

Er drehte sie zur Sonne.

„Hebe den Becher und *trink*."

Sie drehte sich gehorsam um. Eine Hand lag noch auf dem Megalithen und seinem halb verwitterten Zeichen. Ihr Begleiter stand jetzt hinter ihr.

Hinter einem weiter abwärts stehenden schiefen Stein schlüpften zwei gebückte Gestalten hervor. Die beiden auf dem Gipfel standen mit dem Rücken zu ihnen und bemerkten sie gar nicht. Schnell und geräuschlos rannten sie den Hügel hinauf.

„Trink auf die Schönheit, Miranda."

„*Den Teufel wird sie!*" sagte eine Stimme hinter ihnen.

Eine rosa Samtjacke stülpte sich über einen Kopf, ein Messer wurde aus der Hand geschlagen, die sich gerade langsam erheben wollte. Nicholas Ransom ergriff Miranda und zog sie von den beiden anderen fort, die erbittert miteinander kämpften.

„Du verdammte kleine Idiotin", sagte Nicholas Ransom.

„Mit einem bekloppten Mörder hierherzufahren. Du hättest doch wissen müssen, was du da tust."

„Das hab' ich auch", sagte Miranda. „Ich glaube, ich sollte geopfert werden, weil doch alles meine Schuld war. Meinetwegen ist Joyce ermordet worden. Und deswegen war es doch richtig, daß ich geopfert werden sollte, nicht? Es wäre eine Art ritueller Mord gewesen."

„Hör auf mit dem Blödsinn von rituellen Morden. Sie haben das andere Mädchen gefunden. Das *Au-pair*-Mädchen, das verschwunden war. Seit zwei Jahren oder so. Alle haben gedacht, sie ist ausgerissen, weil sie ein Testament gefälscht hat. Aber sie war gar nicht ausgerissen. Ihre Leiche ist im Brunnen gefunden worden."

„Oh!" Miranda stieß einen Schreckensschrei aus. „Doch nicht in dem Wunderbrunnen? In dem Wunderbrunnen, den ich so schrecklich gern finden wollte? O nein, sie soll nicht im Wunschbrunnen sein. Wer – wer hat sie denn da hineingeworfen?"

„Derselbe Mann, der dich hierhergebracht hat."

26

Wieder saßen vier Männer in einem Raum und sahen Hercule Poirot an. Inspektor Timothy Raglan, Superintendent Spence und der Chief Constable sahen aus wie drei erwartungsvolle Katzen, die jeden Augenblick mit einer Schale Milch rechnen. Der vierte dagegen trug immer noch den Gesichtsausdruck eines Mannes, der sich seine Meinung vorbehält.

„Ja, Monsieur Poirot", sagte der Chief Constable, „hier sind wir nun alle –"

Poirot gab ein Zeichen mit der Hand. Inspektor Raglan verließ den Raum und kehrte mit einer Frau von etwa dreißig Jahren, einem Mädchen und zwei jungen Männern zurück.

Er stellte sie dem Chief Constable vor. „Mrs. Butler, Miss Miranda Butler, Mr. Nicholas Ransom und Mr. Desmond Holland."

Poirot stand auf und nahm Mirandas Hand. „Setz dich hier neben deine Mutter, Miranda – Mr. Richmond möchte dir ein paar Fragen stellen. Er möchte, daß du ihm antwortest. Es geht um etwas, was du gesehen hast – vor mehr als einem Jahr, fast zwei Jahren. Du hast das, was du gesehen hast, nur einer Person erzählt, und zwar wirklich nur dieser einen. Stimmt das?"

„Ich hab' es Joyce erzählt."

„Und was genau hast du ihr erzählt?"

„Daß ich einen Mord gesehen habe."

„Hast du das noch irgend jemandem erzählt?"

„Nein. Aber ich glaube, Leopold hat es gewußt. Er horcht, wissen Sie. An Türen. Und so. Er will immer gern die Geheimnisse von allen Leuten wissen."

„Du hast doch gehört, daß Joyce Reynolds an dem Nachmittag vor dem Kinderfest behauptet hat, daß sie einen Mord gesehen hat. Stimmt das?"

„Nein. Sie hat nur wiedererzählt, was ich ihr erzählt hatte – aber sie hat so getan, als wenn es ihr passiert wäre."

„Miranda, sag uns jetzt bitte, was du eigentlich gesehen hast."

„Zuerst wußte ich nicht, daß es ein Mord war. Ich dachte, es sei ein Unfall. Ich dachte, sie sei irgendwo runtergefallen."

„Wo war das?"

„Im Steinbruchpark – in der Mulde, wo früher der Springbrunnen war. Ich saß in einem Baum. Ich hatte ein Eichhörnchen beobachtet, und dabei muß man ganz still sitzen, sonst rennt es weg. Eichhörnchen sind sehr schnell."

„Erzähl uns, was du gesehen hast."

„Ein Mann und eine Frau hoben sie hoch und trugen sie den Weg entlang. Ich dachte, sie bringen sie ins Krankenhaus oder zum Haus am Steinbruch. Dann blieb die Frau plötzlich stehen und sagte: ‚Wir werden beobachtet' und starrte meinen Baum an. Ich bekam ziemliche Angst und saß ganz still. Der Mann sagte: ‚Unsinn', und dann gingen sie weiter, und ich saß weiter ganz still."

„Weil du Angst hattest?"

„Ja, aber ich weiß gar nicht, warum."

„Und du hast es deiner Mutter nicht erzählt?" fragte Poirot.

„Nein. Ich hab' gedacht, vielleicht durfte ich gar nicht da sein und das beobachten. Und am nächsten Tag sagte niemand etwas von einem Unfall, und da hab' ich das Ganze vergessen. Ich hab' überhaupt nicht mehr dran gedacht, bis –"

Sie brach plötzlich ab. Der Chief Constable öffnete den Mund – und schloß ihn wieder. Er sah Poirot an und gab ihm ein Zeichen.

„Ja, Miranda", sagte Poirot, „bis –?"

„Es war, als wenn alles noch einmal passierte. Diesmal war es ein Grünspecht, und ich stand ganz regungslos hinter einem Gebüsch. Und die beiden saßen und unterhielten sich – über eine Insel – eine griechische Insel. Sie sagte ungefähr: ‚Alles ist unterschrieben. Sie gehört uns. Wir können hinfahren, wann immer wir wollen. Aber wir wollen uns lieber Zeit lassen – nichts überstürzen.' Und dann flog der Specht weg, und ich bewegte mich. Und sie sagte: ‚Schscht – sei still –, wir werden beobachtet.' Und das sagte sie genau wie beim erstenmal, und sie hatte wieder diesen Ausdruck auf ihrem Gesicht, und ich hatte wieder Angst, und plötzlich fiel es mir wieder ein. Und jetzt *wußte* ich es. Ich wußte, daß das, was ich gesehen hatte, ein Mord gewesen war und daß sie eine Leiche weggetragen hatten, um sie zu verstekken."

„Wann war das?" fragte der Chief Constable. „Wie lange ist es her?"

Miranda überlegte einen Augenblick.

„Vergangenen März, kurz nach Ostern."

„Kannst du genau sagen, wer die beiden waren, Miranda?"

„Natürlich", sagte Miranda erstaunt.

„Du hast ihre Gesichter gesehen?"

„Natürlich."

„Und wer waren sie?"

„*Mrs. Drake und Michael ...*"

Es war keine dramatische Enthüllung. Ihre Stimme war leise, und es klang fast etwas wie Erstaunen darin, aber auch Überzeugung.

Der Chief Constable sagte: „Du hast es niemandem erzählt. Warum nicht?"

„Ich dachte – ich dachte, vielleicht ist es eine Opferung."

„Wer hat dir das gesagt?"

„Michael. Er hat gesagt, Opfer sind nötig."

Poirot sagte behutsam: „Du hast Michael liebgehabt?"

„O ja", sagte Miranda, „ich hab' ihn sehr liebgehabt."

27

„Jetzt, wo ich Sie endlich hier habe", sagte Mrs. Oliver, „will ich alles wissen."

Sie sah Poirot wild entschlossen an und fragte streng: „Warum sind Sie nicht eher gekommen?"

„Ich bitte um Verzeihung, Madame, ich bin damit beschäftigt gewesen, die Polizei bei ihren Nachforschungen zu unterstützen."

„Wie um Himmels willen sind Sie denn darauf gekommen, daß Rowena Drake etwas mit einem Mord zu tun haben kann? Jemand anderem wäre das nicht im Traum eingefallen."

„Es war einfach, sobald das entscheidende Stichwort gefallen war."

„Was war denn das entscheidende Stichwort?"

„Wasser. Ich brauchte jemanden, der auf dem Kinderfest war und eigentlich nicht *naß* sein durfte. Wer immer Joyce Reynolds umgebracht hatte, mußte dabei notwendigerweise naß geworden sein. Wenn man ein kräftiges Kind mit dem Kopf in einen vollen Wassereimer taucht und festhält, geht das nicht ohne Kampf und Spritzerei ab. Also muß irgend etwas passieren, damit man eine unschuldige Erklärung dafür hat, warum man so naß ist. Als alle ins Eßzimmer zum Feuerdrachen drängten, nahm Mrs. Drake Joyce mit in die Bibliothek. Wenn Ihre Gastgeberin Sie bittet, mit ihr zu kommen, dann gehen Sie natürlich mit. Und Joyce hatte sicherlich keinerlei Verdacht gegen Mrs. Drake. Miranda hatte ihr ja nur erzählt, daß sie einen Mord gesehen habe. Und so wurde Joyce also umgebracht, und ihre Mörderin war ziemlich naß dabei geworden. Dafür mußte sie einen Grund haben, und so schuf sie sich diesen Grund. Sie mußte einen Zeugen dafür haben, auf welche Weise sie naß geworden war. Sie wartete auf dem Treppenabsatz mit einer riesigen Blumenvase in der Hand. Nach einiger Zeit kam Miss Whittaker aus dem Feuerdrachen-Zimmer – es war sehr heiß dort. Mrs. Drake tat so, als wenn sie erschrak, und ließ die Vase fallen; dabei richtete sie es so ein, daß die Vase sich erst über sie ergoß, ehe sie unten in der Diele in Stücke sprang. Sie rannte die Treppe hinunter, und sie und Miss Whittaker sammelten die Scherben und Blumen auf, während Mrs. Drake über den Verlust der schönen Vase jammerte. Und es gelang ihr, Miss Whittaker den Eindruck zu geben, daß sie etwas gesehen hatte, oder jemanden, der gerade aus der Bibliothek kam, in der ein Mord geschehen war. Miss Whittaker nahm den Vorfall ganz vordergründig, aber als sie Miss Emlyn davon erzählte, war dieser sofort klar, was daran wirklich interessant war. Und deshalb drängte sie Miss Whittaker, mir das alles zu erzählen. Und also", sagte Poirot und zwirbelte seinen Schnurrbart, „wußte ich nun auch, wer Joyce ermordet hatte."

„Und die ganze Zeit hatte Joyce überhaupt keinen Mord gesehen!"

„Das wußte Mrs. Drake nicht. Aber sie hatte schon immer den Verdacht gehabt, daß jemand im Park gewesen war, als sie und Michael Garfield das *Au-pair*-Mädchen Olga umbrachten."

„Wann wußten sie denn, daß Miranda das gesehen hatte und nicht Joyce?"

„Sobald mich die Vernunft zwang, das allgemeine Urteil zu akzeptieren, daß Joyce immer log. Von dem Augenblick an deutete alles auf Miranda hin. Sie war oft im Steinbruchpark und beobachtete Vögel und Eichhörnchen. Wie Miranda mir erzählt hat, war Joyce ihre beste Freundin. Sie hat gesagt: ‚Wir erzählen uns alles.' Miranda war nicht bei dem Kinderfest, also konnte die pathologische Lügnerin Joyce das verwenden, was ihr ihre Freundin erzählt hatte, nämlich, daß sie einen Mord gesehen habe. Wahrscheinlich wollte sie *Ihnen* damit Eindruck machen, Madame, der berühmten Kriminalromanautorin."

„Schon gut, schieben Sie mir nur die Schuld an allem zu."

„Nein, nein."

„Rowena Drake", sagte Mrs. Oliver. „Ich kann es immer noch nicht glauben."

„Sie hat alle dazu nötigen Eigenschaften. Ich habe mich schon oft gefragt", fügte er hinzu, „was für eine Frau eigentlich Lady Macbeth war. Wenn man ihr im wirklichen

Leben begegnen würde; wie würde sie dann sein? Nun ja, ich glaube, ich *bin* ihr begegnet."

„Und Michael Garfield? Sie sind als Paar so unwahrscheinlich."

„Interessant – Lady Macbeth und Narziß, eine ungewöhnliche Kombination."

„Lady Macbeth", murmelte Mrs. Oliver nachdenklich vor sich hin.

„Sie war eine gutaussehende Frau – energisch und tüchtig – der geborene Organisator – eine unerwartet gute Schauspielerin. Sie hätten ihre Wehklagen über den Tod des kleinen Leopold hören müssen und wie sie in ihr trockenes Taschentuch geschluchzt hat."

„Sie erinnern sich doch, daß ich Sie fragte, wer Ihrer Meinung nach nett sei und wer nicht."

„Hat Michael Garfield sie geliebt?"

„Ich bezweifle, daß Michael Garfield je einen anderen geliebt hat als sich selbst. Er brauchte Geld – viel Geld. Vielleicht hat er zuerst geglaubt, er könne Mrs. Levin-Smith so von sich einnehmen, daß sie ihr Testament zu seinen Gunsten verfassen würde. Aber Mrs. Levin-Smith gehörte nicht zu dieser Art von Frauen."

„Und die Fälschung? Das verstehe ich nämlich immer noch nicht. Was hatte die für einen Sinn?"

„Das war auch zuerst etwas verwirrend. Zu viel Fälschung, könnte man sagen. Aber wenn man sich's recht überlegt, wurde der Zweck sehr schnell klar. Man mußte bloß bedenken, was denn tatsächlich passiert war.

Mrs. Levin-Smith' ganzes Vermögen ging an Rowena Drake. Das vorgelegte Kodizill war so plump gefälscht, daß jeder Anwalt es gemerkt hätte. Es sollte angefochten werden, die Gutachten der Sachverständigen sollten erreichen, daß es für ungültig erklärt wurde, und das ursprüngliche Testament sollte wieder gelten. Da Rowena Drakes Mann kurz vor Mrs. Levin-Smith gestorben war, würde sie dann alles erben."

„Aber was ist mit dem Kodizill, das die Putzfrau unterschrieben hatte?"

„Ich nehme an, daß Mrs. Levin-Smith dahintergekommen war, daß Rowena Drake und Michael Garfield eine Affäre miteinander hatten – wahrscheinlich schon vor dem Tod ihres Mannes. Im Zorn schrieb Mrs. Levin-Smith ein Kodizill zu ihrem Testament und vermachte alles ihrem *Au-pair*-Mädchen. Wahrscheinlich hat das Mädchen Michael davon erzählt – sie hoffte, ihn zu heiraten."

„Ich dachte, das war Ferrier."

„Das war nur eine Geschichte, wenn auch eine einleuchtende, die Michael mir erzählt hat. Beweise gab es nicht."

„Aber wenn er wußte, daß ein echtes Kodizill existierte, warum hat er dann Olga nicht geheiratet und auf diese Weise das Geld an sich gebracht?"

„Weil er seine Zweifel hatte, ob sie das Geld auch wirklich bekommen würde. Es gibt ja so etwas wie unerlaubte Beeinflussung. Mrs. Levin-Smith war eine alte und kranke Frau. In allen vorangegangenen Testamenten hatten die nächsten Angehörigen profitiert – es waren gute, vernünftige Testamente gewesen, wie die Amtsgerichte sie gern haben. Dieses Mädchen aus dem Ausland aber hatte sie erst ein Jahr gekannt. Auch das echte Kodizill hätte eventuell für ungültig erklärt werden können. Außerdem bezweifle ich, daß Olga in der Lage gewesen wäre, den Kauf einer griechischen Insel zu bewerkstelligen – oder auch nur willens gewesen wäre, das zu tun. Sie hatte keine einflußreichen Freunde oder Verbindungen in Geschäftskreisen. Sie fühlte sich zu Michael hingezogen, aber sie sah in ihm nur einen aussichtsreichen Ehekandidaten, der ihr ermöglichen würde, in England zu bleiben – was sie vor allem gern wollte."

„Und Rowena Drake?“

„Sie war verrückt nach Michael Garfield. Ihr Mann war schon seit Jahren ein Invalide. Sie war nicht mehr jung, aber sie war eine leidenschaftliche Frau, und da trat ein junger, ungewöhnlich schöner Mann in ihren Gesichtskreis. Die Frauen flogen auf ihn – aber er wollte nicht schöne Frauen, sondern die Möglichkeit, selbst Schönheit zu schaffen. Und dafür brauchte er Geld – sehr viel Geld. Und die Liebe – nun, er liebte nur sich selbst. Er war Narziß.“

„Ich kann es nicht glauben – ich kann es einfach nicht glauben, daß jemand einen Mord begeht, nur um auf einer griechischen Insel einen Garten anzulegen“, sagte Mrs. Oliver ungläubig.

„Das können Sie nicht? Können Sie sich nicht vorstellen, wie er ihn in seinem eigenen Geiste gesehen hat? Nackter Fels vielleicht, aber so geformt, daß er Möglichkeiten bot. Erde, ganze Wagenladungen fruchtbarer Erde, die den nackten Stein verhüllt – und dann Pflanzen, Samen, Gebüsche, Bäume. Vielleicht hat er in der Zeitung von einem Millionär, einem Reedereibesitzer, gelesen, der für die Frau, die er liebte, auf einer Insel einen Garten anlegen ließ. Und so kam er auf den Gedanken – er würde auch einen Garten schaffen, nicht für eine Frau, sondern – für sich selbst.“

„Es kommt mir trotzdem völlig verrückt vor.“

„Ja. Das gibt es. Ich glaube nicht, daß er seine Beweggründe als niedrig empfand. Für ihn war das alles notwendig, damit er neue Schönheit schaffen konnte. Er war besessen vom Schaffen, wahnsinnig. Die Schönheit des Steinbruchparks, die Schönheit der anderen Gärten, die er entworfen und angelegt hatte. Und jetzt stand noch mehr vor seinem inneren Auge – eine ganze Insel der Schönheit. Und Rowena Drake hatte sich leidenschaftlich in ihn verliebt. Was war sie anderes für ihn als die Geldquelle, mit deren Hilfe er Schönheit schaffen konnte. Ja – er war wohl wahnsinnig."

„Wollte er wirklich diese Insel so gern haben? Auch mit Rowena Drake als Zugabe? Die ihn die ganze Zeit herumkommandiert?"

„Dafür gibt's Unfälle. Ich denke mir, zu gegebener Zeit hätte Mrs. Drake einen gehabt."

„Noch ein Mord?"

„Ja. Es fing ganz einfach an. Olga mußte beseitigt werden, weil sie von dem Kodizill wußte – und gleichzeitig sollte sie als Betrügerin gebrandmarkt werden. Mrs. Levin-Smith hatte das echte Dokument versteckt, und deshalb, nehme ich an, bekam Ferrier Geld, um ein ähnliches gefälschtes Dokument herzustellen, das aber so plump gefälscht sein sollte, daß es sofort Verdacht erregte. Das besiegelte *seinen* Tod. Lesley Ferrier, das wurde mir bald klar, hatte keine Liebesaffäre mit Olga, und es bestanden auch keine Abmachungen zwischen ihnen. Das hatte Michael Garfield mir gegenüber angedeutet, aber ich glaube, daß Lesley Geld von Michael bekommen hat. Michael Garfield war es auch, der um Olgas Zuneigung warb, sie dazu anhielt, ihrer Arbeitgeberin nichts davon zu sagen, und von einer möglichen Heirat sprach. Gleichzeitig sah er sie kaltblütig als das Opfer vor, das er und Rowena Drake brauchten, um zu dem Geld zu kommen. Es war nicht unbedingt nötig, daß Olga Seminoff der Fälschung angeklagt und vor Gericht gebracht wurde. Sie brauchte nur in den *Verdacht* zu geraten. Sie profitierte von dem gefälschten Kodizill. Sie hätte es sehr leicht selbst schreiben können, es gab Beweise, daß sie die Schrift ihrer Arbeitgeberin zu kopieren pflegte, und wenn sie dann plötzlich verschwand, würde jeder denken, daß sie nicht nur eine Betrügerin war, sondern möglicherweise sogar beim Tod ihrer Arbeitgeberin nachgeholfen hatte. So mußte Olga Seminoff, als sich die Gelegenheit ergab, sterben. Lesley Ferrier wurde angeblich von Mitgliedern einer Bande oder von einer eifersüchtigen Frau erstochen. Aber das Messer, das man mit Olgas Leiche im Brunnen gefunden hat, stimmt auch mit den Stichwunden überein, die Ferrier beigebracht wurden. Ich wußte, daß Olgas Leiche irgendwo hier in der Gegend versteckt sein mußte, aber ich hatte keine Ahnung, wo, bis ich eines Tages hörte, wie Miranda nach einem Wunschbrunnen fragte und Michael Garfield drängte, ihn ihr zu zeigen. Und er weigerte sich. Kurz zuvor hatte ich mich mit Mrs. Goodbody unterhalten, und als ich sagte, ich könnte mir gar nicht denken, wohin das Mädchen verschwunden ist, hatte sie gesagt: ‚Bim, bam, bum, die Katze liegt im Brunn'.' Jetzt wußte ich, daß die Leiche in dem Wunschbrunnen lag. Ich entdeckte, daß dieser Brunnen in dem Wald am Steinbruch war, an einem Hang nicht weit von Michael Garfields Bungalow, und ich dachte mir, daß Miranda entweder den Mord selbst gesehen hatte oder den Abtransport der Leiche. Mrs. Drake und Michael befürchteten, daß jemand sie belauscht hatte – aber sie hatten keine Ahnung, wer –, und da nichts passierte, wiegten sie sich in Sicherheit. Sie machten ihre Pläne – eilig hatten sie es nicht, aber sie brachten die Sache langsam in Gang. Sie erzählte davon, daß sie im Ausland ein Grundstück zu kaufen beabsichtige, und erweckte in den Leuten den Eindruck, daß sie aus Woodleigh Common wegziehen wolle. Zu viele traurige Erinnerungen, immer Anspielungen auf den Tod ihres Mannes. Alles lief wunderbar glatt – und dann kam der Schock, als Joyce kurz vor dem Kinderfest plötzlich behauptete, sie habe einen Mord gesehen. Jetzt wußte Rowena – oder glaubte zu wissen –, wer damals im Park gewesen war. Und sie handelte schnell. Aber es ging weiter. Der kleine Leopold wollte von ihr Geld haben – es gebe bestimmt Dinge, die er sich gern kaufen wolle, sagte er. Was er erriet oder wußte, ist völlig ungewiß, aber er war Joyce' Bruder, und deshalb dachten sie wahrscheinlich, daß er viel mehr wisse, als tatsächlich der Fall war. Und also mußte auch er sterben."

„Sie hatten Mrs. Drake wegen des Wassers im Verdacht", sagte Mrs. Oliver. „Wie sind Sie auf Michael Garfield gekommen?"

„Er paßte so gut in alles hinein", sagte Poirot schlicht. „Und dann, als ich zum letztenmal mit Michael Garfield sprach, war ich meiner Sache sicher. Er sagte lachend zu mir: ‚Hebe dich hinweg von mir, Satan. Gehen Sie zu Ihren Freunden von der Polizei.' Und da wußte ich es ganz sicher. *Es war gerade umgekehrt*. Ich sagte mir: ‚Ich lasse dich zurück, Satan.' Ein Satan, jung und schön, wie Luzifer den Sterblichen erscheinen kann ..."

Es war noch eine zweite Frau im Zimmer – bis jetzt hatte sie geschwiegen, aber jetzt regte sie sich in ihrem Sessel.

„Luzifer", sagte sie. „Ja, jetzt sehe ich es ganz klar. Das war er immer."

„Er war sehr schön", sagte Poirot, „und er liebte die Schönheit. Die Schönheit, die er mit seinem Geist und seiner Phantasie und seinen Händen schuf. Für sie hätte er alles geopfert. Ich glaube, auf seine Art hat er Miranda geliebt – aber er war bereit, sie zu opfern, um sich selbst zu retten. Er plante ihren Tod sehr sorgfältig – er machte einen Ritus draus und, wie man vielleicht sagen kann, köderte sie mit diesem Gedanken. Sie sollte ihm Bescheid geben, wenn sie Woodleigh Common verließ, und das tat sie, kurz ehe Sie mit ihr wegfuhren. Er gab ihr Anweisung, ihn vor dem Gasthaus, das Mrs. Oliver genannt hatte, zu treffen. Sie sollte dann beim Kilterbury Ring gefunden werden – bei dem Doppelaxt-Zeichen, mit einem goldenen Becher neben sich – ein rituelles Opfer. Aber ich hatte ihm Nicholas Ransom und Desmond Holland an die Fersen geheftet."

„Wahnsinnig", sagte Judith Butler. „Er muß wahnsinnig gewesen sein."

„Madame, Ihre Tochter ist in Sicherheit – aber etwas würde ich gern wissen."

„Ich glaube, Sie verdienen, *alles* zu wissen, was ich Ihnen sagen kann, Monsieur Poirot."

„Sie ist Ihre Tochter – *war sie auch Michael Garfields Tochter?*"

Judith schwieg einen Augenblick, dann sagte sie: „Ja."

„Aber sie weiß es nicht?"

„Nein. Sie hat keine Ahnung. Daß wir ihm hier begegnet sind, ist purer Zufall. Ich lernte ihn kennen, als ich ein junges Mädchen war. Ich verliebte mich wahnsinnig in ihn – und dann bekam ich Angst."

„Angst?"

„Ja. Ich weiß nicht, warum. Nicht davor, daß er irgend etwas tun könnte, aber einfach vor seinem Wesen. Seiner Sanftheit, hinter der sich Kälte und Skrupellosigkeit verbargen. Ich hatte sogar vor seiner Leidenschaft für die Schönheit und für seine Arbeit Angst. Ich sagte ihm nicht, daß ich ein Kind erwartete. Ich verließ ihn – ich ging weg, und das Kind wurde geboren. Die Geschichte von meinem Mann, der Pilot und bei einem Unfall umgekommen war, habe ich erfunden. Ich zog ziemlich rastlos von Ort zu Ort. Nach Woodleigh Common kam ich eigentlich mehr oder weniger durch Zufall. Ich kannte Leute in Medchester, bei denen ich Arbeit als Sekretärin finden konnte.

Und dann kam eines Tages Michael Garfield und arbeitete im Steinbruch. Es hat mir eigentlich nichts weiter ausgemacht. Und ihm auch nicht. Das war alles lange vorbei, aber später fing ich doch an, mir Gedanken zu machen, obgleich mir gar nicht klar war, wie oft Miranda in den Park ging –"

„Ja", sagte Poirot, „es war ein Band zwischen ihnen. Eine

natürliche Anziehung. Ich habe auch die Ähnlichkeit erkannt – nur Michael Garfield, der Anhänger Luzifers, war böse, und Ihre Tochter ist unschuldig, und in ihr ist nichts Böses."

Hercule Poirot ging hinüber zum Schreibtisch und holte einen Umschlag, aus dem er eine zarte Bleistiftzeichnung hervorzog.

„Ihre Tochter", sagte er.

Judith betrachtete die Zeichnung. Sie war signiert: „Michael Garfield."

„Er zeichnete sie gerade am Bach", sagte Poirot, „im Park. Er zeichnete sie, sagte er, um sie nicht zu vergessen. Er fürchtete sich vor dem Vergessen. Aber das hätte ihn nicht gehindert, sie zu töten."

Dann deutete er auf ein mit Bleistift geschriebenes Wort in der oberen linken Ecke.

„Können Sie das lesen?"

Sie entzifferte es langsam.

„Iphigenie."

„Ja", sagte Poirot, „Iphigenie. Agamemnon opferte seine Tochter, um für seine Schiffe günstigen Wind zu bekommen, der ihn nach Troja bringen sollte. Michael hätte seine Tochter geopfert, um einen neuen Garten Eden schaffen zu können."

„Er wußte, was er tat", sagte Judith. „Ob er es wohl jemals bereut hätte?"

Poirot antwortete nicht. Vor seinem inneren Auge stand das Bild eines außerordentlich schönen jungen Mannes, der neben einem Megalithen lag, in seiner Hand immer noch den goldenen Becher, aus dem er selbst den Gifttrank getrunken hatte, als plötzlich die Vergeltung über ihn hereinbrach, um sein Opfer zu retten und ihn der Gerechtigkeit auszuliefern.

So war Michael Garfield gestorben – ein passender Tod,

dachte Poirot –, aber ach, kein Garten würde auf einer Insel im griechischen Meer blühen ...

Statt dessen gab es Miranda – am Leben und jung und schön. Er küßte Judith die Hand.

„Auf Wiedersehen, Madame, und grüßen Sie Ihre Tochter von mir."

Dann ging er zu Mrs. Oliver.

„Gute Nacht, chère Madame. Lady Macbeth und Narziß. Es war außerordentlich interessant. Ich muß Ihnen dafür danken, daß Sie mich auf diesen Fall aufmerksam gemacht haben –"

„Ja, ja", sagte Mrs. Oliver aufgebracht, „ich bin natürlich wieder an allem schuld!"

Auf Mörderjagd mit Hercule Poirot

Agatha Christie
Die Katze im Taubenschlag

Meadowbank ist eines der besten und teuersten Mädcheninternate Englands: Unter den Schülerinnen befindet sich derzeit sogar eine arabische Prinzessin. Umso schlimmer für die Schulleitung, als in der Turnhalle die neue Sportlehrerin Mrs. Springer ermordet aufgefunden wird.
Die Polizei steht vor einem Rätsel, und die Untersuchungen gehen nur schwerlich voran. Deshalb nimmt die pfiffige Schülerin Julia Upjohn die Sache selbst in die Hand. Als sie allerdings durch Zufall das Motiv des Mordes herausfindet und selbst bedroht wird, beschließt sie, den berühmten Meisterdetektiv Hercule Poirot um Hilfe zu bitten.

Loewe

Ein geniales Detektivpärchen

Tuppence und Tommy Beresford, ein abenteuerlustiges junges Ehepaar, versuchen sich als Inhaber eines Detektivbüros. Nach einigen Startschwierigkeiten steigt das Renommee der Agentur, und die beiden unerschrockenen Jungunternehmer müssen ihr ganzes Können immer wieder unter Beweis stellen ...

Die Büchse der Pandora
Ein gefährlicher Gegner
Rotkäppchen und der böse Wolf
Die geheimnisvolle Botschaft
Eine reizende alte Dame

Loewe

Eine schrullige Meisterdetektivin

Miss Marple, die skurrile ältere Lady mit dem messerscharfen Verstand, wirkt auf Verbrechen geradezu wie ein Magnet. Oder ist es vielleicht umgekehrt? In Miss Marples Umgebung geschehen jedenfalls merkwürdige Dinge ...